IGPI流

セルフマネジメントのリアル・ノウハウ

Kazuhiko Toyama
冨山　和彦
Industrial Growth Platform, Inc.
経営共創基盤

PHP
Business Shinsho

PHPビジネス新書

はじめに

突然の金融危機や自然災害、国際緊張、そして巨大赤字計上、経営危機、大リストラ……次々といろいろなことが起きる時代である。もはやどんな大組織に所属していようが、今年の収益がいかに好調であろうが、1人のビジネスパーソンにとって安全な場所はない。最後は、自分の人生は自分自身で守るしかない。すなわち自分の人生を経営する能力、セルフマネジメント能力が問われている時代である。

そうしたイベントが、私たちの職業人生に最もリアルに影響を与える形で顕在化する典型的局面がM&Aだ。

経営危機に際し、M&Aによる事業売却は、上乗せ退職金などの支払いを避けられる点で、よりキャッシュアウトを少なく事業撤退できる選択肢である。ムラ型組織の調和重視で苛烈な集中と選択をしない経営、「決められない」「捨てられない」経営をしてきた多くの日本企業にも、いよいよ「決めること」「捨てること」が待ったなしの状況が訪れている。「売り」のM&Aは、今や明日の経営危機を事前に回避するためには、必須の日常的な経営手段なのだ。他方、集中すべき分野でも、今度は買収によって商圏、技術、ノウハウなどをどんどん吸収して成長のスピードを高めなければ、競争についていけない。あらゆる意味で、M&Aは、企業の大小、業績の好不調に関係なく、今後さらに高頻度化するのだ。それも国境を越えて。

「売り」の立場であれ、「買い」の立場であれ、あるいは経営陣の立場であれ、現場の立場であれ、M&Aはビジネスパーソンライフに大きな影響を与える分岐点となるイベントである。皆さんは、これから相当な頻度で遭遇するであろうその分岐点を、うまく乗り越える能力を身につけているだろうか。

そのテストとして、以下にクイズを5つほど用意するので、まず本書を読む前に考えてみてほしい。もちろん「IGPI流リアル経営シリーズ」がいつでもそうであるように、いずれも唯一絶対的な解はない。考えること、そしてどう考えたか、それもリアルに……が重要な問いである。そこで感じた問題意識を持って本書を読んでもらえれば、皆さんが直面しているいろいろな課題と、その解決の糸口がよりクリアに見えてくるはずだ。

第1問　あなたの会社が欧米の外資系企業に買収された。そこで人事面談が始まり、買収側から来た人事担当者があなたに質問をした。

「あなたがこの会社に与えている付加価値を大きな順に3つ教えてください」

あなたならどう答えるか？

第2問　あなたは重厚長大産業を主業とする大手企業の新規・多角化分野に所属している35歳の中堅エンジニア（既婚、扶養家族あり）だ。ところがその事業部門が、東欧の同業種のハイテク企業に売却されることになった。相手はその分野では世界的に高いシェアを持ち、成長も期待される企業だが、何せ今の会社の500分の1の売り上げ規模の小企業である。ハイテク分野は競争も激烈だし、自分はその会社の社内公用語である英語が不得意。その一方で、大手企業は今後、その技術分野の事業をやる気はなく、今のエンジニアとしての技術を生かせる可能性は小さい。

そこで提示された3つの選択肢のうち、あなたはどれを選ぶか？　その理由は？　それで家族を説得できるか？

①大企業に残る
②東欧企業に移る
③特別適用される希望退職（3年分の給料相当上乗せ）に応じて退職し、他の日本企業へ転職を図る
④特別適用される希望退職（3年分の給料相当上乗せ）に応じて退職し、大手外資系企業へ転職を図る

第3問　あなたはある企業の事業部門長である。そこに競合企業から、

「あなたが所属する事業部門を買いたいのだがどうか。適正な価格を支払う用意があるので貴社の経営陣を説得してもらえないか。他の事業部門が経営の足を引っ張っているあなたの会社にいるよりも、正直良いと思うがどうか」

と打診があった。
あなた自身はどう判断するだろうか？　現在の企業に残ることを良しとするか、競合企業に事業部門ごと買ってもらうことを経営陣に提言するべきか。どういう場合に、なぜそう判断するのか？　相手が国内企業と外資では異なるか？　同業種の事業会社と投資ファンドで異なるか？　外資が欧米系と新興国系で異なるか？　また、事業部門の売却を提言したときに、貴社の経営陣はどう判断するだろうか？　その根拠は何か？　部下を説得できるか？　どうやって？

第4問　あなたは日本企業のトップとして、他社のある事業部門の買収を考えている。その事業分野では相手のほうが歴史も長く、市場シェアもかなり高いが、先方は企業全体が窮境に陥っており、部門売却を検討している。ここは買収によって一気にシェアを高めるチャンスだ。そこで実現に向けていろいろな関係者の間でコンセンサスをつくる必要があるのだが、そこでより難航する可能性があるのは以下のうちどれか？

①相手企業のトップ
②買収対象事業部門（事業部門長、現場それぞれの反応はどうか）
③自社の当該事業部門（事業部門長、現場それぞれの反応はどうか）
④メインバンク
⑤当該自部門の主要取引先（仕入れ先、販売網）

第5問　買い手、売り手を問わず、M&Aに関わる責任者として、M&Aを行うか否かの判断及びそれが実現した後の経営統合に際し、以下の項目についてどちらかを優先せざるを得ないとき、あなたはどちらを選ぶか？

①戦略的シナジー vs 組織的・人材的適合性
②機能的補完論 vs 文化的相性論
③人事制度の整備 vs 固有名詞の人事
④能力の論理 vs 融和の論理

⑤財務投資的な統治原理（要は儲けていてくれればＯＫ）vs戦略投資的な統治原理（オペレーショナルな統合とシナジー実現が重要）

本書では、Ｍ＆Ａ状況を主な舞台に、さまざまな立場のビジネスパーソンが生き残るために、いかにその状況をマネジメントし、かつ自分自身をマネジメントすべきかを、筆者３人の豊富な実経験をもとに紹介している。

私たちは、Ｍ＆Ａに関わるフィナンシャルアドバイザーという立場だけでなく、実際に多数のＭ＆Ａの当事者企業の一員として、買収、売却及びその後の現実経営に関わってきた。

たとえば、産業再生機構時代だけでも41の企業グループを買収し、ポスト・マージャー経営を行い、さらに２００以上の単位に分けて売却を行っているし、ＩＧＰＩ（経営共創基盤）においてもすでに数十件に及ぶＭ＆Ａに、アドバイザー、当事者の両方の立場で関わっている。本書では、そこで展開されるさまざまな人間ドラマ、一人ひとりの生々しい人生の明暗を分ける現実ドラマに、生身で関わってきたからこそ伝えられる、リアルな事例、教訓、アドバイスを盛り込んだつもりだ。

読者の皆さんにとって本書が、これからのご自身のセルフマネジメント能力、より直截に言えば「M&A時代のリアル・サバイバル能力」を強化するヒントになれば幸いである。

平成24年11月

経営共創基盤(IGPI)代表取締役CEO/パートナー　冨山和彦

IGPI流

セルフマネジメントのリアル・ノウハウ

目次

はじめに　3

第1章　あなたの会社は、いつ買われてもおかしくない！

1 M&Aは集団転職だ！……22
M&Aの3パターン　22
カイシャの耐用年数が過ぎた　24
異質な文化と出合ったとき　27
仕事に対するプロ意識か、会社に対する帰属意識か　30

2 過去の延長線上の未来か、過去と断絶したイノベーションか……33
日本的なすり合わせは連続的な変化に強い　33
野球からサッカーへ　35
ゲームのルールが変わったときの対処法　38
イノベーション分野を捨てたウェルチの英断　41

野球のスピード感でサッカーは戦えない　43

3 M&Aは日本人に合った解決策だ！……47
ゲマインシャフトとゲゼルシャフト　47
ムラごと移転するM&A　48
創業者のスピリッツは個人単位で　51
合併に抵抗しているだけでは何の解決にもならない　54
意外なところからM&A反対ののろしは上がる　56
会社員である前に、個人であれ　58

第2章 買い手はどこを見て、何をするか

4 現場と経営、どちらに手を入れるのが得策か……64
買った事業をどうするか　64
ダイムラー・クライスラーが破談になった理由　65
日産復活は日本で最も成功したプライベート・エクイティ　68

現場がダメなのではない、経営こそ問題だ　70

5 感情に流されず、経済合理性というフェアネスを追求せよ……73
JAL・JAS統合はなぜ失敗したのか　73
改善の余地はどこにあるのか　76
一気呵成に取り組んでこそ効果がある　79

6 経営トップは人の見極めから逃げてはいけない……82
日本企業による大型買収案件が相次ぐ　82
買った後にモチベーションを高める　84
人の見極めは経営トップの仕事　85
将来の経営者候補をまとめて買いにいく　87

第3章 どんな人材が重宝されるか

7 会社との距離の取り方を身につける……90
会社と付かず離れず、適度な距離を保つ　90

いつでも辞める覚悟を持つ　92
「ある日突然上司が外国人」という状況をリアルに想像する　94
追い込まれると、会社は本性を現す　95
会社とＷｉｎ－Ｗｉｎの関係を築く　98
トップも社員も会社と自分を同一化しない　100

8 個人のパフォーマンスを最大化する……104
今後重要になるキーワード　104
個人のパフォーマンスを最大化　105
できる人ほど会社を去るというジレンマ　108
金銭的にも会社に縛られすぎない　110

9 ライバルは欧米人やアジア人……113
欧米企業による日本への投資が再活性化？　113
日本企業による外国企業の買収が過去最高の水準に　115
中国市場で日本のプレゼンスは落ちている　118
ライバルは日本人だけではない　121

10 買い手はデューデリジェンスで何を見ているか……123
デューデリジェンスの4本目の柱 123
買収後に誰を引き上げるかをチェックしている 124
買い手によって変わる評価 126

11 説明能力が高ければどこでも通用する……130
語学はできて当たり前 130
自分の事業の価値を語れるか 131
「なぜ」を自分の言葉で説明できる人は強い 133
議論のできない人はいてもいなくても同じ 135
小さくても経営経験のある人は注目される 136
M&Aで初めて発見される才能もある 138

12 外国人と一緒に働くことに向いている人、向かない人……141
初対面の人とすぐにわかり合えるオープンな性格 141
多様な意見を受け入れ、まとめあげる力 143
視野が日本で閉じている人、世界に広がっている人 145

第4章 プロフェッショナルスキルの磨き方

13 ユニバーサルでポータブルなスキルとは何か……148
どこへでも持っていける汎用的スキル 148
ホワイトカラー受難の時代 150
柱を2本用意する 152
14 英語力を高める……155
TOEICだけでは、使える英語は身につかない 155
「英語を身につける＝語学学校」ではない 157
日常業務で使っているフレーズを英語に翻訳する 158
話すより先に英文メールから 160
フレーズ集を滞りなく発音できるように音読練習 161
量をこなさなければ英語は身につかない 164
難しいのはパーティーの会話 165

定型文の次は相手の文化の理解へ進む　167

15 経験値を高める……170

転職も出向も経験になる　170
組織の中心から外れたところで力を蓄える　173
評価基準が変わる　175
市場の変化に対応できるか　177
海外へ行くチャンスがあれば手に入れろ　178
人材流動化時代の会社のあり方　180

16 M&Aは人材育成の最高の舞台……182

ビジネスの総合格闘技　182
M&Aの知識が昇進の条件に　183
転職もM&Aも最初の100日が肝心　184
どうせ失敗するなら若いうちに　186

エピローグ　マネジャー職に求められる能力は何か

17 組織と組織のハブになる人材……190
海外企業を買った後のマネジメントができる人材が足りない　190
戦略的ＰＭＩはＭ＆Ａの成否に直結する　193
会社の外と内をつなぐ結節点　194
海外統治がうまくいくかどうかを決めるポジション　196

18 本社と現地との間の軋轢を吸収する……198
中国での販売勝負　198
日本的なルールと中国・米国的なルールの違い　200
清濁併せ呑むタイプが求められる　202
親会社を説得する力　204

編集協力：田中幸宏

第1章

あなたの会社は、いつ買われてもおかしくない！

1

M&Aは集団転職だ！

M&Aの3パターン

M&A（企業の合併・買収）は、かつて、外国企業が日本企業を買い叩く〝ハゲタカ〟のイメージが強かった。だがその後、複数の企業が統合してホールディングカンパニーの傘下に入る事例がいくつかあって、現在は特定の事業部を切り離して売買するタイプのM&Aが多くなっている。

会社を丸ごと買収するのではなく、儲かる事業、自社にとって価値のある事業だけを買う。会社内で事業の組み替えが起きたり、会社という枠を超えて事業の組み替えが起きたりする。儲かる事業が事業部ごと売られ、儲からない事業は売れ残って廃止になるということが日常茶飯事になっていく。だから、自分の会社、あるいは事業部門が調子いいからといって、M&Aとは無縁、取り分け買収されるような状況から無縁と思っていたら大間

図１　M&A件数の推移（レコフ調べ）

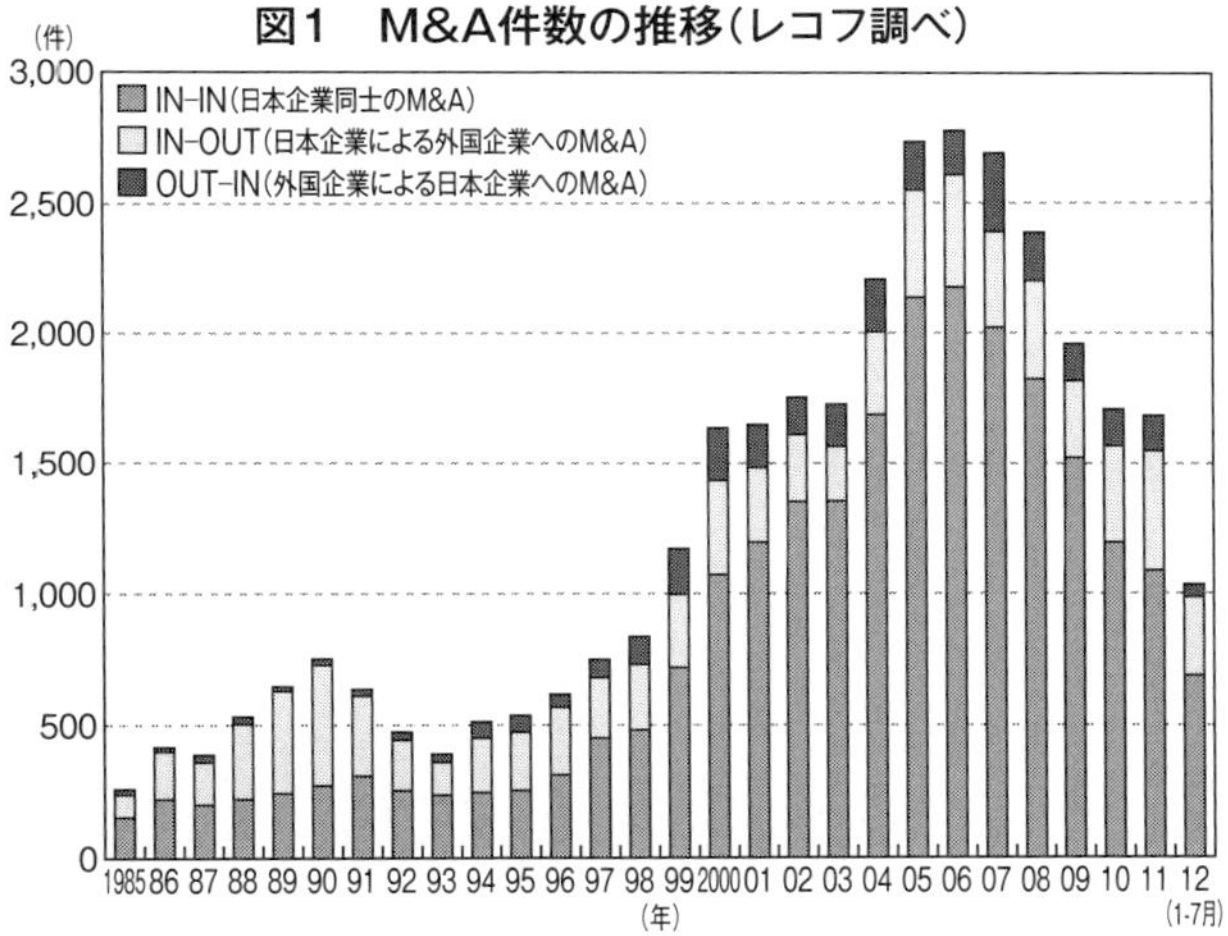

違いだ。

Ｍ＆Ａを、外国企業が日本企業を買うＯＵＴ－ＩＮ、日本企業同士のＩＮ－ＩＮ、日本企業が外国企業を買うＩＮ－ＯＵＴに分けると、件数が最も多いのが日本企業同士のＩＮ－ＩＮ、次いでＩＮ－ＯＵＴ、ＯＵＴ－ＩＮの順になる（図１参照）。

だが、金額ベースだと、最近の円高傾向を反映して、日本企業が外国企業を買うＩＮ－ＯＵＴが圧倒的に多くなる（次ページ図２参照）。

その傾向は現在も続いていて、２０１２年には、件数ベースで過去最高を更新する見込みだ。

その理由は明らかで、円高で外国企業が割

図2　M&A金額の推移（レコフ調べ）

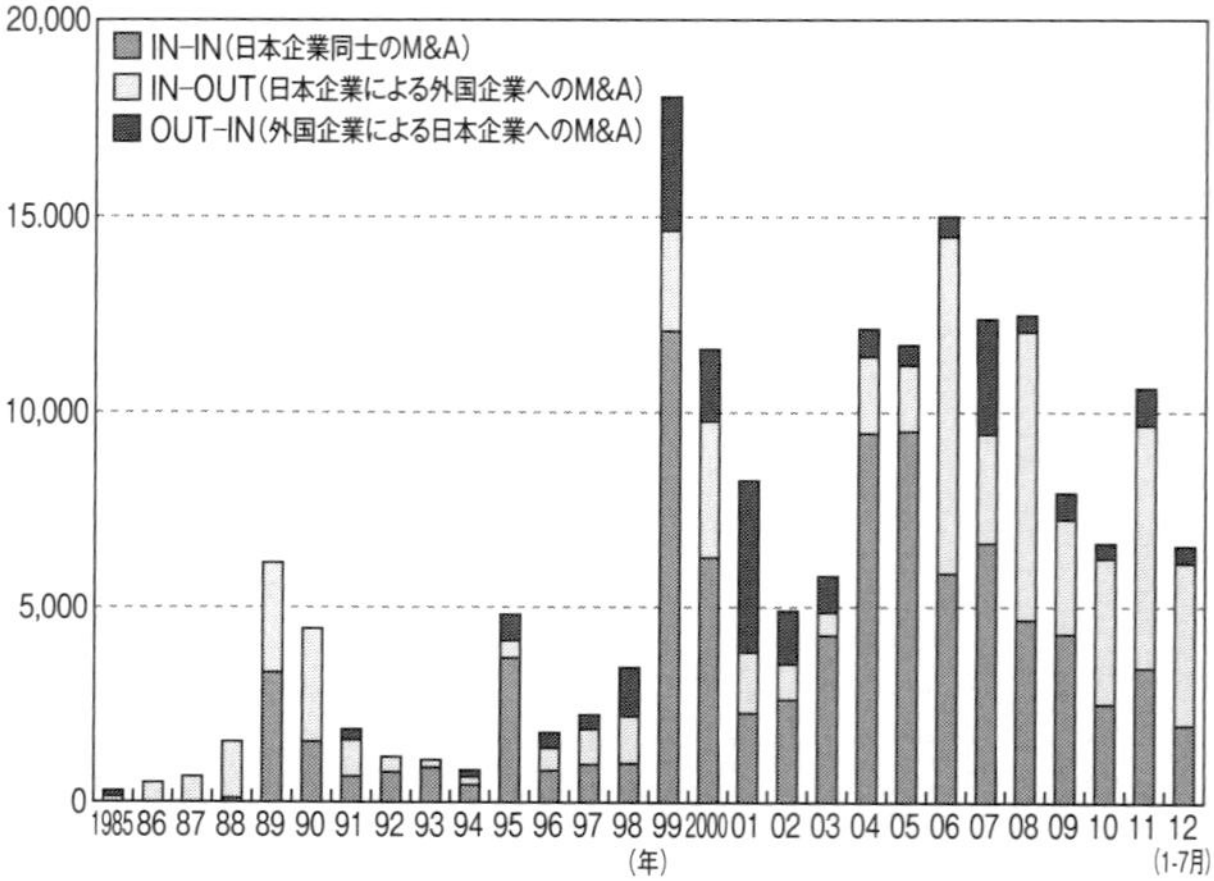

安になっていることがひとつ。もうひとつは、人口が減少している日本市場は、将来的に縮小するのは避けられないわけで、海外市場に進出しなければ、そもそも戦略的に立ち行かないからだ。

カイシャの耐用年数が過ぎた

パーツごとに売り買いされるM&Aによって、会社の中身が入れ替わる。日本企業と外国企業との垣根が失われる。これは、すでに避けようのない事態になっていて、それを忌避していると、最悪、会社が全滅ということになりかねない。

会社を存続させよう、雇用を守ろうとすると、むしろ事業部単位で買ったり買われたり、どこか別の会社の傘下に移ったりということが必要になる。

そうなると、会社に就職して、終身年功制で65歳まで――嘱託なども含めると、実質的な定年は今65歳になっている――ひとつの会社の中だけで過ごせる確率は、間違いなく低くなっている。

ほとんどのビジネスパーソンにとって、終身雇用はすでに絵に描いた餅でしかない。リストラされて自分個人で転職しなければいけないか、事業部ごとに他の会社に買われるか――事業部ごとにM&Aされるのは集団転職と同じ――、出向や転籍で子会社・関係会社に飛ばされるか、あるいは自ら望んで転職するか。いずれにしても、引退するまでずっと同じ会社に勤められるのはすでに少数派だ。

勤め先の社名が数年ごとに変わるのは、今や珍しくも何ともない風景になった。要するに、従来型の終身雇用を前提とした、いわゆるカタカナ書きの〝カイシャ〟という仕組みの耐用年数が過ぎてしまったということだ。

そうすると、ひとつの会社の中で定年まで勤め上げるときに必要とされたスキルや、その会社の文化やルールに適応する能力が、必ずしも有利に働かなくなる。ある日突然、職場が替わり、親会社が替わり、上司が代わって、はしごを外されてしまう可能性が高いのだ。

ひとつの会社に長く在職していれば、誰でもその文化やルールに適応していく。その中で出世しようと思えば、むしろ積極的に文化やルールを受け入れたほうが有利になる。

ところが、たまたま自分のいる事業部がどこかに売却されて、別の会社の傘下に入った場合、それまでのルールや価値観は通用しない。新しいルールに切り替えなければいけないのに、前の会社に過剰適応してしまった人は、うまく頭が切り替わらない。かえってマイナスに作用してしまう可能性がある。

これから先、ひとつの会社の中で幸せなビジネスパーソンライフを送れる人は、運のいいごく一部の人だけだ。現実問題として、少なくとも30代、40代の人たちが、ひとつの会社の中でサラリーマン生活をまっとうできる可能性は低いので、そういう変化が起きるという前提で、個々人が自分の能力を高めておく必要がある。要はセルフマネジメントの巧拙が、良きビジネスパーソンライフを送れるか否かを大きく決めてしまうのだ。

会社を移る、あるいは事業部ごと売られるという前提に立てば、ひとつの会社の文化やルールに過剰適応して、別の文化やルールを受け入れられないのは、きわめて不幸なことだ。新しい環境に順応できなければ、不要な人材として放出されるか、残ったとしても明るい展望は描けない。

異質な文化と出合ったとき

M&Aをする側の経営者にとっても、集団転職でどこかから異質な人材を自分の会社の生態系に取り込む場合でも、あるいは不要な人にどこかへ行ってもらう場合でも、変化をうまく取り込めなければ、経営者として不幸な人生を送ることになる。

そもそも、会社そのものが共同体として過度に膨張していて、ある種の強烈なDNAを持ってしまっているので、外部から異質なものが入ってくることに対しての拒絶反応が半端ではない。会社として異質なものを取り込むことに慣れていないし、会社にいる人たちもみんな苦手だから、どうしても軋轢《あつれき》が生じてしまう。この問題は、自分が買い手側にいるからといって、軽減されるものではない。異質なものと一緒に生活することから生じる摩擦は、買い手の側にいようが、売り手の側にいようが、個人レベルでは大差ない。立場が買い手か売り手かに関係なく、地位が経営者か一サラリーマンかにも関係なく、相当なストレスに晒《さら》されることになる。

逆に、会社からある部門を切り離すときも、共同体意識が膨張しているので、自分の身体の一部を切り離すようなことになって、悲劇性を伴ってしまう。仮に買い手側のカイシャにいても、事業としては買収相手のほうが優勢な場合、事業部レベルでは、あたかも買い手と売り手が逆なような状況に陥り、同じような悲劇性に直面することもある。

いわゆるカイシャというモデルは、すり合わせに強みがあった。すり合わせでモノをつくる。すり合わせでサービスを提供する。非常に同質的で、同じ生活体験を共有した人たちの集団だからこそ、阿吽《あうん》の呼吸で、微妙なさじ加減まですり合わせができた。それが日本の製造業を、ある時期、世界一に押し上げた原因のひとつだった。

ところが、物事には必ず正と負の両面があって、同質性が限度を超えて過剰になってくると、さまざまな弊害が出てくる。異質なものを排除するのもそうだし、会社の一部を切り出そうにも、本当に手や足を切り離すような痛みを伴ってしまう。単純に割り切れなくなってしまうのだ。

たとえば、2010年にロジック半導体の大手3社（NEC、三菱電機、日立製作所）からの切り出しで設立されたルネサス エレクトロニクスの苦戦が続いている。多くの社員は、半導体のプロである以上に、それぞれの出身母体、出身部門という、言わば故郷のムラへの帰属意識のほうが強かったはずだ。そこで、ムラの境目を超えてシナジーを最大化し、さらには出身母体との関係もドライに割り切って、血も涙もないドライな商売に徹することができなかったのではないか。

結局、自分の仕事や技術についてのプロ意識よりも、自分の会社に対する帰属意識のほうがはるかに強い。会社そのものが替わってしまう時代に、そういう意識ではまずいのだ。筆者も数多くのポスト・マージャー・インテグレーション（PMI：合併後の統合化作業）に関わってきたが、いつも障害となるのは、組織や集団への過剰な帰属意識、自分たちの集団のやり方、価値観のほうが優れている（優れていてほしい？）という排他的なムラ人根性である。結果、シナジーは幻想となり、それどころか社内の調整コスト、調整時間は膨大となり、1＋1は2どころかマイナス無限大となる。これではカイシャはもちろん、個人としての人生もぼろぼろだ。

実は経営者自身が、最も長くその組織に身を置き、内部環境に過剰適応している場合は少なくない。だから実際のM&Aにおいては、経営者が最も深刻な環境不適応に陥り、ばらばらになってしまうケースが少なくない。ここでも、経営のプロとしての意識をしっかり持つというセルフマネジメント力が問われているのだ。

仕事に対するプロ意識か、会社に対する帰属意識か

「この事業を切り離すから、事業部ごと別の会社に行きますか。それとも、違う仕事に就いてもらうことになるけれど、今の会社に残りますか」と言うと、残るほうに手を挙げる人がかなりいる。

残った結果、それまで自分が培ってきたスキルや経験が役に立たなくなるおそれがあっても、あえて会社に残るという選択をする人が多い。特に外資への売却だと、そういう人の割合が高くなる。

残ったからといって、その事業はもう手がけないわけだから、決してバラ色の未来が待っているわけではない。

だが、日本の一部上場企業のA社の社員であるということに、その人の基本的なアイデンティティがある場合、たとえ別の事業に配置転換されて冷や飯を食ったとしても、会社に残ることに意義がある。

一方、売りに出された事業部が必ずしも不幸になるとは限らない。たとえば、非常にニッチな分野であっても、グローバル市場で1、2を争うレベルであれば、その分野に特化

して生き残っていく可能性は十分にある。

かつて、日本の大手素材メーカーのある部門が、中東のハイテク会社に売却されるという話があった。その会社はその分野では世界的にトップシェアを握る超優良企業だったのだが、いかんせん、非常にマイナーな分野なので、世間的な知名度はない。クラシック音楽にたとえると、超一流のビオラ奏者のような感じで、まさに知る人ぞ知る、という会社だった。

一方、日本の大手メーカーのほうは、誰もが知っている有名オーケストラ。売りに出された部門も世界2位のシェアを持っていたので、一緒になれば、1位・2位の連合だから、強力なことこのうえない。必ず生き残っていけるだろうという話だったのだが、それでも土壇場で、日本のメーカーに残りたいという人が少なからずいた。

驚いたのは、親に言われて移るのを断念したという若手もいたことだ。「あなた、そんな知らない会社に行くなんて、何を考えてるの?」と問い詰められて、日本企業に残る選択をした。

結果はどうか。おそらく、その若手は後悔したはずだ。せっかく技術やノウハウを持っていても、それを生かす場がないのだから。実際、残った大手メーカーの業界は、典型的な成熟産業で、その後も合併やリストラを繰り返している。その中で非主流部門の一サラリーマンが幸福なビジネスパーソンライフを送れている可能性はきわめて低い。

IGPI流チェックポイント1

日本的なカイシャの耐用年数は過ぎた。
会社のパーツごとに売買して中身を組み替えるM＆Aが当たり前に。
セルフマネジメントの巧拙がビジネスパーソンライフの幸不幸を分ける。

2 過去の延長線上の未来か、過去と断絶したイノベーションか

日本的なすり合わせは連続的な変化に強い

イノベーションは、異質なものの組み合わせから生まれる。従来の延長線上ではないところに出てくるからイノベーションなのであって、同質化しすぎると、イノベーションが起きづらいという問題がある。

すり合わせが得意な企業体は、リニア（直線的・連続的）に進化するときは、遺憾なく強みを発揮する。さまざまな要素をひとつひとつ改善・改良して、その成果を積み上げていくような連続的な進化は、同質的な組織のほうが向いているのだ。

自動車の分野で日本が強かった理由のひとつは、今まで自動車にはノンリニア（非直線的・非連続的）なイノベーションがあまり必要ではなかったからだ。

ダイムラーが自動車を発明してから、車の基本構造は不変だ。タイヤが４つあって、ハ

ンドルがあって、ガソリンの内燃機関（エンジン）があって、ギアボックスがあって、アクセルがあって、ブレーキがある、という構造はほとんど変わらない。非連続的なイノベーションがあったのは、ヘンリー・フォードがそれを流れ作業でつくるという量産体制を確立したことくらいで、それ以降は、産業構造がひっくり返るような抜本的なイノベーションは起きていない。

もともと開発面においては基本形がほぼ決まっているので、あとは、さまざまな改善を積み重ねてきた結果が今日の自動車であって、そういうリニアな進化というのは、日本企業の得意分野だった。

大胆な発想の転換と突き抜けたクリエイティビティを必要とする不連続なイノベーションとは違って、過去の延長線上に現在があり、さらにその先に未来があるという連続的な進化は、真面目に技術を積み上げていく日本人及び日本人の集団には向いていた。排気ガスをクリーンにしたり、燃費を良くしたり、衝撃を吸収して安全性を向上させたりするのは、実用実績と経験の蓄積に立脚した改善の積み重ねが基本である。加えて、こうした個々の要素技術間をすり合わせることで、「自動車」というトータルなメカトロニクスのシステムをつくり上げていくことが可能だったからだ。

エレクトロニクスも、ある段階まではそういう積み重ねの勝負だった。だから、かつては日本のメーカーが強かった。ところが、半導体とコンピュータが登場したあたりから、エレクトロニクスはノンリニアな世界へと姿を変えた。そこにデジタル化がとどめを刺して、それまでの製品群を一気に陳腐化してしまうような破壊的なイノベーションが起きるようになると、小さな改善を積み重ねるすり合わせ文化では太刀打ちできない。過去に一生懸命積み上げてきたものが、かえって邪魔になってしまうのだ。

ソニーがトリニトロンのブラウン管を開発したのは１９６７年。そこから半世紀近く、液晶の時代になっても変わることなく「画質」を追い求めて連綿と築き上げてきたテレビの歴史がある。その時間的、空間的な連続性というのは強力で、30年、40年という歴史は忘れようにも忘れられない。不要だからといって切り捨てることもできない。かといって、過去の自分たちを否定するようなイノベーションが、そういう組織集団から生まれる可能性はきわめて低い。

野球からサッカーへ

ノンリニアな世界では、勝敗の分かれ目は、これまでの連続的な発展の延長線上にはなく、まったく違うところからもたらされる。ゲームのルールが根本から変わってしまう時代だ。ルールが変わったのに、以前の延長線上でモノを考えていては、初めから勝負にならない。

だが、新しいルールにパッと乗り換えなければいけないというときに、何十年と続いてきた組織はどうしても動きが遅くなる。

よく成功体験に縛られるというが、成功体験に頭が縛られることは、実はそれほど多くない。そこそこ一流の会社の経営者は、バカではないから、頭ではわかっている。だが、身体が縛られて身動きがとれないのだ。

どういうことかというと、たとえば、アップルがiPodとiTunesで音楽の聴き方を根本から変えてしまう。アマゾンのようなオンラインショップにしろ、リアルな店舗にしろ、それまでCDという物理的なモノを売っていたのを、ネット経由でデジタルデータを販売する形に変えてしまった。

その結果、CDプレーヤーも高価なステレオセットもCDショップもみんないらなくなった。iTunesと同期できない携帯音楽プレーヤーもほとんど駆逐された。ウォークマンの時代は終わり、iPod、さらにはiPhoneで音楽を聴くのが当たり前になった。

それと同じことは携帯電話の世界でも起きたし、テレビでも起きつつある。

ゲームが変わるといっても、同じ野球の枠の中で多少ルールが変わるとか、ストライクゾーンが変わったというのは、リニアな変化だ。『マネーボール』のような統計を駆使した新しい分析手法を導入して、「打率よりも出塁率や長打率のほうが重要だ」「フォアボールを選ばないイチローは使えない」といった評価を下すのも、野球という枠組みの中の話なので、ゼネラル・マネジャーなり監督なりが頭を切り替えれば済む話だ。だから、貧乏球団オークランド・アスレチックス（ノンフィクション作品『マネーボール』の舞台となった球団）も強くなるし、マネーボール理論を取り入れたボストン・レッドソックスもワールドチャンピオンになるのである。

ところが、ノンリニアな変化というのは、ゲームが野球からサッカーに変わることを意味する。

会社の中で営々と積み上げてきた人材、たとえばソニーやパナソニックのテレビ部門にいる人材というのは、要するに、野球の選手なのだ。野球の名手をたくさん抱えた状態で、いきなり「野球はおしまい。ゲームはサッカーに変わっているんですけど」と言われても、身動きがとれない。

ずっと野球に専念してきた歴戦のツワモノが揃っているから、野球をやらせたら、世界でいちばんうまいかもしれない。メジャーリーグのエース級や4番バッターが揃っている。しかし、いくら野球がうまいからといって、彼らをサッカーのワールドカップに出場させても役に立たない。サッカーをプレーしたことがないのだから、当然だ。

ルールが変わったと頭ではわかっていても、抱えている人材が野球選手ばかりなのだから、手の打ちようがない。これこそ、成功の呪縛の本質だ。

ゲームのルールが変わったときの対処法

事業の構造を根本的に組み替えようと思っても、自らの力だけでやれることは限られている。M&A的な解決策を探るしかない。

野球人気に翳《かげ》りが出てきたのなら、野球チームごと売ってしまい、代わりにサッカーチームを買収するか、あるいは、縮小した市場に合わせてチームを思い切りスリム化して、マニア向けの世界ですり合わせの妙技を発揮するか、である。

シャープが台湾の鴻海《ホンハイ》精密工業に堺工場を事実上、売却したのも、チームごと売却する戦略だ。本当はもっと早い時期に決断しなければいけなかったのかもしれない。なにしろ、ゲームがサッカーに変わっているのだから。大型液晶パネルの製造は、ひたすら規模とスピードを追いかけるパワーゲームになってしまっている。最終製品であるテレビ事業のコストセンターとして、垂直統合的なすり合わせビジネスモデルの中で行えるような代物ではなくなっているのだ。

40歳過ぎまで野球をやってきた人間に、今さらサッカーをやれと言ってもムリがある。だから、サッカーをやりたいのであれば、サッカーチームを丸ごと買うしかない。あるいは、サッカー選手をゼロベースで雇ったほうがまだマシなのだ。

ここで日本のエレクトロニクス産業の多くは間違いを犯した。野球チームを温存したままサッカーに切り替えようとしてもがいていたのだ。だが、それでは時間ばかりかかってしまって、結局うまくいかない。

ゲームが変わったときは、会社を機能ごとに切り分けて、パーツを組み替えるように、必要なモジュールを買い、不要なモジュールを売る、ということもやっていかないと、結局、会社として生き残れなくなってしまう。すり合わせ力や組織内部の緻密で有機的なつながりは、日本の組織の強みだが、それに縛られすぎてはいけない。強みは利用すべきものであって、それと心中するような本末転倒があってはならないのだ。

もちろん、引き続き野球で戦うという選択肢もある。せっかくの人材とノウハウを捨てるのは惜しいということであれば、もっと領域を絞って、これまでの技術や経験の蓄積で食える分野にフォーカスすればいい。要するに、オリンピック種目ではなくなってしまったけれど、各国の国内リーグではまだ十分戦える、WBCも盛り上がっている、ということであれば、そこに活路を見出せばいいだけだ。

これを個人の立場から見ると、チーム縮小の中でも生き残っていけるほどの超一流の野球選手か、あるいは他の会社にチームごと売却されても、新しいムラの中で生き残っていける適応能力、企業横断的なスキルを持っている人でないと、こういう時代に愉快なビジネスパーソンライフを送ることは難しい。ある企業、ある集団の中でしか通用しない、あるいは周囲と馴染めない「クソ」サラリーマンに明日はない。

やはり、こうした身の回りの環境変化がいつでも起こり得る時代には、自分自身の人生を能動的に設計し、環境適応力を高めること、すなわちセルフマネジメントがきわめて重要なのだ。

イノベーション分野を捨てたウェルチの英断

実は、GE（ゼネラル・エレクトリック）は、ジャック・ウェルチのときに、まさに基本種目の大整理に関する決断を行っている。有名な「業界で1番か2番の事業以外は全部やめる」という、ドラスティックな選択と集中を行ったときに、実はノンリニアのイノベーションが必要な分野は、全部捨てているのである。

現在GEが手がけている航空機エンジンやロケットエンジン、発電所、医療機器、プラスチックやシリコンなどの素材産業、宇宙開発などの分野は、むしろ、経験やノウハウの蓄積がモノを言う世界である。要するに、すり合わせで少しずつ成長するような分野だけを残して、イノベーションが支配する世界は捨てているのだ。言い換えれば、こういう分野だからこそ、「1番または2番」でいることが、今後の競争においても大きな意味を持つのである。

GEというのは、もともと発明王エジソンがつくった会社だ。要するに、イノベーションの代名詞、「イノベーション・イズ・ゼネラル・エレクトリック」とでも言うべき存在である。日本で言えば、かつてのソニーのような会社なのだ。

その幻想に、ジャック・ウェルチは別れを告げた。「ニュートロン・ジャック（中性子爆弾ジャック）」と呼ばれた彼は、不連続なイノベーションに振り回される分野をバッサリ切り捨てた。でも、彼の計算は結果的に正しかったのだ。

同じことを今、ＩＢＭが実行している。パソコン事業など、イノベーションに依存しなければいけない分野を捨てて、サービスモデルに転換したのは、そういうことだ。

イノベーションというのは、それまでの延長線上にはないところに生まれる。いつ、どんなところに破壊的なイノベーションが登場するかは、誰にも読めない。だから、どうしても行き当たりばったりになってしまう。

だが、企業が年をとり、規模がある程度大きくなると、どうしても過去のしがらみがついて回る。リニアな進化には対応できても、自分たちでイノベーションを起こすのは難しくなる。図体が大きいので、別の誰かが起こしたイノベーションに適応するのも遅れがちになる。いわゆる「イノベーションのジレンマ」の問題だ。

一般に、ＢtoＣよりはＢtoＢのほうが、過去の蓄積を生かしやすい。消費者は新し物好きで移り気だが、企業は本質的にコンサバティブ（保守的）かつ経済合理的な買い手であり、スイッチングコストも高いから、イノベーションでガラリと変わってしまうよりも、漸進的な変化を好む。リニアな変化のほうが、長期的な計画も立てやすい。

もちろん、BtoBならすべてリニアな変化というわけではない。たとえば、サーバーの世界はイノベーションでガラリと変わった。

また、一般に、エレクトロニクスよりはメカトロニクスのほうが、過去の蓄積が生かしやすい。メカ（すなわち力や熱の負荷がかかる）が絡んでいるもののほうが、すり合わせに向いている。自動車がまだ何とかやれているのは、メカトロニクスだからという面もある。

ところが、純粋にエレクトロニクスかつデジタルな分野は、アイデア勝負で、過去の技術や経験の蓄積があまり意味を持たない。日本企業がこの分野で米国企業、特にシリコンバレーから次々と生まれてくるアップルやグーグルといったベンチャー企業に太刀打ちできなかったのには、ちゃんと理由があったのだ。

野球のスピード感でサッカーは戦えない

そういう変化がいろいろなジャンルで起きている。しかも、変化のスピードは年々速くなっている。そうなると、野球をやってきた上の世代が会社を卒業するのを待って、若い世代にサッカーをやらせて、といった具合にジワジワ変えていくのでは間に合わない。そんなことをしていたら、ゲームは終わってしまうかもしれない。

変化に合わせて新規事業を立ち上げようとしても、会社としての一体感が強すぎると、いろいろなところから横やりが入る。新しくサッカーチームを立ち上げようとしているのに、昔ながらの野球のルールを押しつけられる。結果として、この20年ほど、大手電機メーカーで新規事業をつくるのに成功したところは少ない。要素技術のレベルでは、多くの企業が世界トップレベルにいるが、それがビジネスモデルとして大きく花を咲かせる確率は下がっている。デジタル分野はほぼ全滅だ。

要するに、会社としての遺伝子とか、同質化圧力が強すぎて、異質な文化が芽吹こうとしても潰してしまう。どこか野球文化であることを捨てきれないのである。これは米国の大企業でも同様で、今のパソコンやスマートフォンの画面操作の基本になっているマウスやアイコンは、もともとゼロックスのパロアルト研究所が開発したものだ。しかしそれをビジネス、いや産業にしたのは、ヒト・モノ・カネを潤沢に持っていたゼロックスではなく、スティーブ・ジョブズという、大学中退でヒッピー風のいで立ちの、風変わりな起業家だったのである。

1球1球インターバルがあって、ピッチャーとキャッチャーがサインを交換して、という悠長なことをサッカーでやっていたら、あっというまに5点、10点と入ってしまう。ピッチ上でめまぐるしく攻守が入れ替わるサッカーで、いちいちベンチを見て確認する余裕はない。スピード感とルールがまるで違うのだ。

逆に、サッカーをやってきた人間に野球をやらせてもうまくいかない。おそらく野球独特の間《ま》に耐えられないだろう。どちらが偉い、偉くないという問題ではない。すり合わせでうまくやれる分野なら、すり合わせでやればいい。でも、革新的なイノベーションが勝負の世界にすり合わせで挑んでも、結果はついてこないだろうということだ。

ルールがしょっちゅう変わってしまう時代には、多かれ少なかれ、事業をモジュール的に入れ替えたり、組み替えたりして、バランスをとらなければいけない。ただ、会社が年をとって肥大化してくると、新陳代謝がうまくいかずに、自縄自縛《じじょうじばく》になりがちだ。

今の日本の企業社会は、すぐれてカイシャの呪いなのである。あるいは、すり合わせの呪いと言ってもいい。かつての強みが過剰に肥大化して、かえって弱みになっているのが今の日本の問題なのだ。

IGPI流チェックポイント2

連続的な進化はすり合わせ文化の日本人の得意とするところ。
ゲームのルールが変わったときは、過去の蓄積がかえって邪魔をする。
連続的な世界、不連続な世界、どちらにも対応できる環境適応力を磨くべし。

3 M&Aは日本人に合った解決策だ!

ゲマインシャフトとゲゼルシャフト

よく日本のカイシャはゲマインシャフト(共同体)的だと言われるが、第二次世界大戦前は違った。今よりずっと機能的なゲゼルシャフト(利益集団)だった。戦前の日本では、会社に対してゲマインシャフト的なものを期待していなかった。完全な競争社会で、解雇も自由、転職も自由。個人の帰属意識を会社に委ねていなかったから、会社は純粋なゲゼルシャフトとして競争市場に参加した。

自分と会社を重ね合わせた、ある種の運命共同体のような組織ができたのは戦後のことだ。それこそ、パナソニックの松下幸之助さんや京セラの稲盛和夫さんのような人たちがつくってきた仕組みである。

そうした共同体的組織が、経済の発展段階のある時期に、非常にうまく機能した。その結果、何でも阿吽の呼吸で通じる同質性の高い組織こそが日本的成功モデルだと認識されるようになったのだが、それはあくまで利益追求の手段として発達したものであって、共同体を維持することが自己目的化してしまうと話は変わる。

どんな仕組みであれ、何かを実現するための手段として始めた組織や制度というのは、ある段階から必ずその組織や制度そのものを自己増殖させる方向に働き始める。これは組織や制度というものの宿命で、避けられない。

バブル崩壊後の日本企業に勢いがなくなってしまったのは、手段が目的と入れ替わって、必要以上に肥大化してしまったことが、大きな原因として挙げられる。

勤勉であるとか、チームワークが良いというのは、日本企業が持つ固有の強みである。だから、それは生かしていけばいいのだが、事業や職能という単位を超えて、会社全体ですり合わせていく必然性はすでにない。そこはむしろモジュール化して、パーツごとに切り離していかないと、会社も生き残れないし、そこで働く人全員が不幸になる。

ムラごと移転するM&A

おそらく若い世代ほど、会社に対して共同体的な共感を持っていない。上の世代が共有していた一体感を、若い人たちは共有できていない。たとえば、大手電機メーカーに就職して、半導体のエンジニアとして働いている人は、おそらく白物家電のエンジニアと接点はないだろう。むしろ、他社の半導体のエンジニアとツーカーだったりする。同じ会社だからといって、そうした環境ではシンパシーは育たない。

今は従業員が数万人単位の大企業も、かつては小さかったわけで、たかだか1000人くらいの規模なら、入社同期はだいたい顔見知りで、仲間意識も持ちやすかった。だが、顔も知らない、話したこともない人が大半になれば、そこにシンパシーを持てと言っても無理がある。

そうなると、自分のアイデンティティはSONYなのか、それとも自分の担当分野にあるのか。ゲームならゲームの世界にアイデンティティがあるのか、あるいは半導体のある特殊な分野にあるのか、といえば、もはや後者にあるのが普通ではないか。

数万人規模では、リアルなムラ社会を形成するには大きすぎる。かつてのような全社的な共同体意識は薄れ、数百人から数千人の事業単位で個々人のアイデンティティが確立される。機能的にもそちらのほうが健全で、持続性があるはずだ。

ということは、数百人から数千人のひとまとまり、事業単位でM＆Aをやれば、本来うまくいくはずなのだ。ムラを解体するのではなく、ムラごと売買すれば、その構成員は不幸にならない。ムラは存続するのだから。

ところが、経験上、上の世代ほど全社的な共同体意識にこだわりを見せる。産業再生機構でカネボウの再生を担当したときも、上の人たちはカネボウ一筋で30年、40年生きてきたから、頭の中が「カネボウ」でいっぱいになっている。だから、たとえば、化粧品部門を切り売りするという提案にも最後まで抵抗する。「カネボウ」の社員として生きた時間を否定された気になるらしい。

しかし、カネボウ化粧品の現場の美容部員からすると、鐘淵紡績（カネボウの旧社名）に対して思うところは何もない。自分たちは化粧品の会社に入って美容部員をやっているのであって、紡績会社に就職した気などさらさらない。だから、そこには自分の人生はまったく投影されないのだ。

上の人たちは「化粧品もみんなカネボウだ。家族主義で一緒なんだ」と一生懸命主張するのだが、現場レベルではそうした思いは共有されていない。それを理解する必要がある。

創業者のスピリッツは個人単位で

ソニーやパナソニック、ホンダのように、創業者の理念や哲学がある種の求心力となって組織をまとめあげているケースがある。判断に迷ったとき、道を踏み外しそうになったとき、つねにそこに立ち返る原点であり、組織の拠り所となる理念である。

ただ、それを「会社」と同一視するのは、もうやめたほうがいいかもしれない。リスペクトすべき理念があったとしても、個人として受け入れたほうが、終身雇用が崩れた時代にはふさわしいと思う。

たとえば、「人のやらないことをやる」「他に一歩先んじる」などで知られるソニー・スピリッツ。そこに共感したのであれば、個人で体現すればいいのであって、ソニーという会社に帰属することと同一視する必要はないのである。

ソニーという場所で何年間か過ごして、世の中に対して何らかの価値を提供できる、競争力を生み出せるスピリッツやスキルや能力を体得したのであれば、それは個人で受け止めればいい。

現役のソニー社員だけではなく、元ソニーの人たちが共通に持っている「ソニーらしさ」というのは確かにある。

ソニーは世の中に非常に多くの人材を輩出した企業で、辞めてから成功した人もたくさんいる。ソニー・スピリッツの重要な部分が「人のやらないことをやる」というノンリニアなイノベーションを志向しているとすれば、むしろ、辞めていった人のほうがソニー・スピリッツを体現している可能性がある。

というのも、戦後生まれのソニーはもう60代後半にさしかかっている。従業員の数も10万人をはるかに超えている。還暦を過ぎて、それだけ巨大化した組織が、イノベーションを生み出し続けるのは至難の業だ。

ジャック・ウェルチはそう思ったからこそ、GEをイノベーションの呪縛から解放した。「エジソンみたいに発明しなければいけない」「イノベーションこそ命」と言っても、ウェルチがCEOになった時点で、GEはすでに100歳を超えていた。それだけ歴史のある巨大な組織に、ノンリニアなイノベーションを期待しても無理なのだ。だから、ノンリニアな世界はバッサリ切り捨てて、過去の蓄積を生かしつつ、漸進的な進化が可能な分野に絞り込んだ。

であるならば、ソニー・スピリッツを受け継いでイノベーションを追求したいなら、自分で会社を立ち上げてしまったほうが早いかもしれない。ひょっとしたら、それがソニー創業者・盛田昭夫の本意かもしれないのだ。

その意味で、最も正統に盛田さんのスピリッツを継承したのは、スティーブ・ジョブズと言うこともできる。若かりしジョブズがソニーの大ファンだったことはよく知られる事実である。

同じように、元ＩＢＭ、元リクルートという人たちが、世の中で活躍している。ＩＢＭの精神、リクルートのＤＮＡはそういう人たちに継承されて、いろいろな会社に伝染していく。会社に残っているからといって、無条件に創業者のスピリッツを継承したことにはならないのだ。

１９７５年生まれのマイクロソフトも早くも30代。そろそろイノベーションを生み出すのは厳しい年齢にさしかかっているのかもしれない。アップルもほぼ同じ頃に誕生した。ジョブズ亡き後、人々のライフスタイルを根本から変えるような画期的な新製品を生み出せるか、注目だ。

合併に抵抗しているだけでは何の解決にもならない

繰り返しになるが、カイシャという仕組みが肥大化して制度疲労を起こし、経済的にも悪影響をもたらしている。そこで働く人たちも、カイシャに過剰適応することが、必ずしもいい結果を生まなくなっている。

だから、会社という枠組みを超えたいろいろな組み替えが起きる。あるいは、意識的に組み替えを起こしていかなければいけない。これが日本の現状だ。

そこで、我々はモジュール単位の組み替えを上手にやれるようになる必要があるのだが、日本人は異質なものと一緒になったり、自分の一部を切り離したりするのが苦手だ。事業部門売却のときの抵抗感は、経験した人間でなければわからないほど強烈だ。

「あそことくっついても意味がない」「シナジーは生まれない」「人事の仕組みが違う」「給与体系が違う」「技術はこちらのほうが上」「こちらの持ち出しばかりで、向こうから学ぶものがない」……。

インテリだから、いろいろ理屈をつけてくるが、その理屈をひとつひとつ片づけているうちに、M&Aの最適なタイミングを逃してしまう。エルピーダメモリはそれでタイミングを逸したことが最後まで影響して、会社更生法を申請するに至った。

どこかのメガバンクと同じで、結婚したけれどもずっと別居を続けてきたようなルネサス エレクトロニクスの例もある。それぞれ元いた会社のほうばかりを見て、お互いに歩み寄ろうとしなければ、そもそもうまくいくはずがない。

地域の小学校３校の卒業生が地元のひとつの中学に合流したというときに、いつまでも「○○小学校卒」の看板を下ろさなければ、クラスの融和は図れないのと同じだ。

違う文化で育った組織が一緒になるのは、ただでさえ大変だ。ルールも違えば、仕組みもシステムもすべて違う。だが、最初から「一緒になりたくない」と思っていたら、間違いなく融合はうまくいかない。

うまくいかなければ、業績が悪化して、最後は自分たちの身に返ってくるはずなのだが、そこまで思い至らない人が多すぎる。会社が潰れてしまっては元も子もない。

「人事システムを統合するのは難しい、できない」というのだが、人事に対する考え方が違い、つくり方の流儀も異なるものを一緒にするのだから、そもそも簡単に統合できるわけがない。

端から見たらたいした違いではなくても、「自分たちのやり方がベストだ」「一緒になりたくない」と思っている人からすれば、乗り越えられないくらいの差に見えてしまう。だが、もめようが、反発を食らおうが、やらなければいけないからやるのだ。こんなところで譲歩して、システム統合に時間をかけても、いいことは何もない。

意外なところからM&A反対ののろしは上がる

日本企業が絡むM&Aについては、何となく買い手側がハッピーで、売り手側には「身売り」という悲哀が漂うイメージが強い。しかし、M&A話が、ハッピーなはずの買い手側内部の反対で潰れるケースは少なくない。

典型的には、M&Aの対象となっている事業分野においては、買収対象となっている相手側事業のほうが、買い手側の当該事業よりもマーケットシェアが上で業界内の地位が上の場合だ。このパターンでは、かなり高い確率で、買い手側の当該事業部門、すなわちM&Aで最もメリットを受けるはずの部門が反対に回る。

表に出してくる理由は、売り手側の事例で出てくるもの（「シナジーがない」だの、「得るべき技術はない」だの）とほぼ同様だが、本音では、その業界内では支配的な立場にいる連中、おそらくはプライドも高く、ひょっとすると能力も上かもしれない連中と一緒に働くことで、もしかするとそこで淘汰されてしまうことが怖いのである。だから、この手の反対は、海外の会社や事業の買収よりも、国内の同一市場の相手、言い換えれば、より短期的にシナジーを得られる可能性の高い（＝自分の生活、人生が、より短期的にリスクやストレスに晒される）案件のほうが出やすい。

これはある意味、リアルM&Aとはどんなことなのかに関する、本質を突いた抵抗である。一人ひとりのビジネスパーソン、サラリーマンにとって、M&Aとは、異質な人々、それも集団としての一定の同一性・排他性を持った人々と一緒に生活する、それも市場競争において厳しい仕事を一緒にするという、きわめてストレスフルなプロジェクトなのだ。

売り手側には会社の業績不振など、今すぐ売却を成功させないとどうにもならない事情がある場合が多い。しかし、買い手には、そこまで切迫した事情がないので、この手の反対が社内から出てくると、それを乗り越えて対象企業を買収することは難しくなりがちだ。

しかし、今の時代、こういうくだらない抵抗をしていると、好業績の企業であっても、成長分野、強みのある分野に資源を集中するために、弱い事業は売却される可能性が高い。気がついたら、かつて反対して「買収」話を潰した相手に対して、今度は自分たちが「売却」されてしまう、そんな時代である。これはＩＧＰＩにおいても、最近、実際に身近で目撃した逆転現象である。

会社員である前に、個人であれ

外国企業同士のＭ＆Ａでは、良くも悪しくも、有無を言わせずにやるというところがあるし、そもそも会社に対する帰属意識が希薄だから、こうした問題は表面化しにくい。もちろん、海外の企業同士といっても、違う文化の会社が一緒になれば、ある程度の軋轢が生じるのは避けられないが。

たとえば、ソニーの社員である前に、「私は半導体エンジニアです」というアイデンティティが確立しているから、今はたまたまこの会社にいるだけで、条件次第で別の会社に移ることも十分あり得る。

メジャーリーグのアレックス・ロドリゲスは、ニューヨーク・ヤンキースのＡ・ロッドである前に、ベースボールプレーヤーのＡ・ロッドなのである。複数の違う球団を渡り歩いても、Ａ・ロッドはＡ・ロッド。アイデンティティが所属チームと関連づいていないのだ。

個人が確立されているという意味では、集団転職であるM＆Aよりも、個人の転職が盛んなのが米国だ。

一方、日本では、若い人たちが保守化して、同じ会社でずっと働きたいと思う人が増えているそうだ。そのほうが楽だからというのもあるだろうが、それは致し方ない面があって、日本の転職は、ほとんどの場合、正規雇用から非正規雇用に落ちるタイプの転職しかないからだ。

中途採用で正社員を採る会社がそもそも少ないし、給料が上がることもマレということになると、若い人たちが、できるだけひとつの会社にしがみついたほうがいいというのは、自己防衛の観点からすると、まったく合理的な判断だ。

このように、日本では個人で転職するのは難しい。よほど実力があって、単独でも労働市場での評価が高い人は別だが、そういう人はごく一部。大部分の人にとっては、転職はかなりのリスクになる。

そうなると、逆に、日本の場合はM＆Aが大事になってくる。事業部を丸ごとM＆Aする場合は、原則として、全員そのまま正社員として受け入れられる。個別に転職活動するよりも、集団転職でまとめて面倒を見てもらったほうが、売られる側も有利になる。

最悪なのは、今の会社に残りたい、絶対に売られたくないとみんなで抵抗して、その間どんどん業績が悪化して、最後は売る価値すらなくなって、事業部の売却そのものを取りやめる展開だ。

リストラが吹き荒れ、早期退職制度などを利用して会社を辞めたとすると、今度はピンで転職活動をしなければいけなくなる。そうなれば、大半の人は今の給料を維持できないだろう。

だから、そうなる前に、「すみません、うちの事業部を売ってください」と提案するくらいのほうが賢い。

業績が好調ならそんなことを考える必要はないかもしれない。だが、毎年負け戦《いくさ》を続けて、他部門の利益を食い潰しているような部門にいる人なら、いつかリストラに遭う可能性が高い。それならば、覚悟を決めて、まだ事業価値があるうちにどこかに買ってもらうことを真剣に考えたほうがいい。

撤退戦でM&Aできる時期は限られている。旬はごくわずかな期間しかないから、ずるずると結論を引き延ばしてもいいことは何もない。1年前なら買い手がついたけれども、今はもう買う価値がない、という事態に陥らないためには、タイミングの見極めが何よりも重要だ。

ＩＧＰＩ流チェックポイント３

ピンで転職するより、Ｍ＆Ａで集団転職するほうが日本的。売れる時期は限られているから、タイミングを逃さず、決断する。

第2章

買い手はどこを見て、何をするか

4 現場と経営、どちらに手を入れるのが得策か

買った事業をどうするか

M&Aをする側、買い手の論理として、日本人にとっての「カイシャ」を買う人はいない。共同体の仲良し組織を買いたいという企業はなくて、つねに、①事業が欲しいか、②機能が欲しいか、しかない。

これは日本企業同士のIN-INの買収であっても同じで、買うときの本音はドライで、必要な事業や機能を、適正価格で買うことしか考えていない。

次に考えるのは、買った事業なり機能なりというものを、自社のきわめて有機的に結合している仕組みの中にどうやって取り込むか、である。

両者を完全に融合して、一体化させるアプローチをとるのか。

それとも、お互いに強固な遺伝子を持った集団だから、無理に一緒にしようとすると拒

絶反応でえらい目に遭うからそれはせず、中途半端なシナジーなどは追求せず、むしろ一国二制度型で、ガバナンスだけ利かせて、別会社として回していくことに徹するのか。

実は、買収したからといって無理に融合するのではなく、独立した会社として遇したほうが、比較的リスクも小さく、良い業績が生み出される場合が多いのだ。

ところが、現実には、せっかく一緒になったのだから、相乗効果を狙って有機的に結合させようと考えるケースが少なくない。その結果、当然のようにお互いに拒絶反応が起きるので、それを乗り越えてシナジーを出すというのは、生半可なことではできない。

同じ業界のメーカー同士でも、合併というのは難しい。むしろ、すり合わせの要素が強い産業ほど、それぞれが独特のすり合わせの文化を築き上げているので、これをつなぎ合わせるのは相当困難な作業である。自動車メーカー同士の合併がほとんど失敗に終わっているのは、それが原因だ。

ダイムラー・クライスラーが破談になった理由

自動車メーカー同士の合併というとすぐに思い浮かぶのが、仕入れの一本化、あるいは車体のプラットフォームの共通化で、規模を利かせてコストを下げることを狙いがちなのだが、実はこれが難儀なのだ。

その例として、仕入れを一本化しようと思えば、共通の部品や素材を買わなければいけないのだが、たとえば同じ薄板鋼板を買うといっても、ダイムラーがティッセン（ドイツの鉄鋼メーカー。現在は合併してティッセンクルップとなっている）につくらせてきた薄板鋼板と、クライスラーがUSスチールにつくらせてきた薄板鋼板は微妙に違う。

そのわずかな違いによって、たとえばプレスをかけたときのR（アール。曲面）の出方に差が出たりする世界なので、そう簡単に共通化はできないのだ。また、鋼板の特性は、車体の他の部分とも構造面、デザイン面ですり合っているので、それを変えることはいろいろなところで副次的な影響が出てくる。とにかく大変な調整コストが発生するのだ。

日本の自動車メーカーと日本の鉄鋼メーカーの関係も同じである。安いからといって、いきなりよその鋼板を買わないのは、そのためだ。

自動車の場合は、部品が2、3万点もある。鋼板と同様に、そのそれぞれが、微妙なすり合わせの上に築かれてきたものなので、そのすり合わされたきずなをいちいち解いて、仕様を統一するといっても、一筋縄にはいかないのである。

すでにある部品の購買部分だけを一本化することができないということになると、その前の設計開発段階、あるいは生産技術のところまでさかのぼって共通化しないと、規模の経済は働かないことになる。だが、それはものすごく手間がかかる。取り組んではみたものの、途中で力尽きて、「こんなこと、やっていられるか」といって放り投げることになるかもしれない。

最悪なのは、どっちつかずの微妙な車になってしまうこと。ベンツなのかクライスラーなのかわからないような車ができて、ユーザーの心が離反してしまったら、取り返しがつかない。長年、高級感あふれるベンツに親しんできた人が、「今度の新車はいつもと違うな。なんかフワフワしていてアメ車っぽいな」と感じたとしたら、完全にアウト。二度とベンツを買ってくれないだろう。

そもそも、文化の違いがそういう微妙な違いを生み出してきたわけで、こだわり方が違えば、こだわるレベルも、こだわっている部分も違うものを、いきなり共通化するのは相当難しい。えてして「○○流」と「××流」の対立のようになってしまって、イデオロギーの違いばかりが目立ってしまう。

合併してシナジーを追求するとか、仕入れを一本化して規模の経済を働かせるというのは、口で言うほど簡単な話ではない。1998年に合併したダイムラー・クライスラーが、2007年に袂を分かつことになったのは、そういうわけだ。

日産復活は日本で最も成功したプライベート・エクイティ

一方、日産・ルノー連合は非常にM&Aがうまくいった希有な例だ。なぜうまくいったかといえば、無理にシナジーを追求しなかったからだ。日産は日産として、ルノーはルノーとして、それぞれの会社をきちんと経営していく。その中で、お互いにメリットがある要素があれば、その部分については協力する、ということがはっきりしていた。

そもそも日産は、技術的に劣っていたわけではなく、訳のわからない意思決定を繰り返す経営に問題があったわけだから、その部分を変えればよかった。だから、カルロス・ゴーンがやってきて、強力なガバナンスを背景にバサバサと無駄を切り捨てていっただけで、短期間でV字回復ができたのだ。ゴーンが連れてきたルノーのスタッフが改革の起動において重要な役割を果たしていたが、実際にそれを遂行していったのは、クロスファンクショナルチームに代表される、日産プロパーの中堅スタッフたちだった。

その過程で、日産は、日本の自動車メーカーの中では最初に、系列の度合いを薄めて水平分業モデルに移行していった。もちろん、系列内のすり合わせが有利な部分は系列を残せばいいわけだし、優位性のないところはオープンマーケットから調達すればいいのだが、その取捨選択をあの段階でバッサリやった。比較的早い時期に系列取引を見直したことが、今の日産の高収益につながっているのは間違いない。

だが、そうした大胆な決断は、経営陣が代わらないとできないものだ。1990年代末に経営危機に陥った日産はルノーと資本提携して、44・4%の出資を受け入れた。それだけ強力な株主がバックにいなければ、系列取引の見直しなどできないだろう。

系列企業には、転籍や出向で日産から天下ったOBがたくさんいる。そんな人間関係も含め、過度にすり合っていたものをバッサリ切るわけだから、その瞬間は、どうしても「ニュートロン・ジャック」のようになってしまう。

つまり、日産の復活は、むしろ強いガバナンス、強い経営者のリーダシップによって経営改革がうまくいったことの結果であって、ルノーとのオペレーショナルな合併効果とは言えないのだ。日産のケースは、日本で最も成功したプライベート・エクイティと表現したほうがふさわしい。

現場がダメなのではない、経営こそ問題だ

日本企業が低迷しているといっても、現場がダメになったということではない。確かに、前章で述べたように、野球からサッカーに、ゲームそのものが変わってしまったケースはある。だが、その場合でも、野球なら野球で食える市場に絞り込めば、まだ十分戦える。

サッカーのゲームなのに、野球チームで無理やり勝負しようとするからうまくいかないのであって、結局それは「選択と集中」の問題でしかない。要するに、経営判断だ。野球の技に磨きをかけて、あくまで野球で勝負するのも、野球は諦めてチームごと売却するのも、経営陣の舵取りの問題だ。どうせ売るなら、まだ少しでも光り輝いているうちに売らなければいけないし、タイミングを逃して売るに売れず、撤退するしかなくなったとしたら、悪いのは決断できない経営者、経営陣なのである。

日本企業の場合、下部構造の現場か上部構造の経営かといえば、たいてい上部構造に問題を抱えている。勤勉で、真面目にコツコツが得意な日本人は、目的や方向性さえきちんと定まれば、そこに向けてチーム一丸となって努力することができる。

おかしくなっているのは、最初の方向性を決める部分なのだ。そこにいちばん矛盾が収斂しているので、M&Aによって経営陣を刷新し、きちんと舵取りしてやれば、劇的な効果が生まれやすい。上を取り替えるだけなので、きわめてリスクが小さいのに、得られるリターンが大きいのだ。

だからこそ、本当に充実した経営チームの編成さえできれば、見事にプライベート・エクイティが成り立つ。出資先の企業の経営に直接関与し、企業価値を高めて投資を回収するプライベート・エクイティで付加価値をつけられるのは、経営の部分だけだからだ。オペレーションの部分がダメな会社は、プライベート・エクイティでお金を注ぎ込んでもどうしようもない。

日本の企業は多くの場合、オペレーション部分はエクセレント、卓越している。現場に力があるし、能力が高い。日本航空の再生事例でもわかるように、一見ダメそうに見えても、多くの場合、現場サイドの潜在力は高いものだ。

えてして上部構造に問題があるから、M&Aで経営陣を入れ替えるというのがいちばん効果が出やすいのだ。

一方、いわゆるシナジーを追求するというのは、下部構造に手を入れることなので、意外とリスクが大きい。時間もかかるし、短期間で劇的に効果が上がるということは、めったにない。このことは覚えておいたほうがいい。

IGPI流チェックポイント4

合併したからといって安易にシナジーを狙いにいくと失敗する。経営陣を入れ替えるタイプのM&Aが日本ではうまくいきやすい。

5 感情に流されず、経済合理性というフェアネスを追求せよ

JAL・JAS統合はなぜ失敗したのか

下部構造に手を入れると、時間がかかりすぎてM&Aそのものがうまくいかないケースは少なくない。とはいえ、産業自体がシュリンクしていくような状況では、合併してオペレーショナルな効率化を図らないと、そもそも生き残れない可能性がある。

たとえば、医薬品流通のメディパルホールディングスは、医療用医薬品卸のメディセオと、一般医療品卸のパルタックが一緒になってできた会社だが、同業者を次々に買収している。

NKK（日本鋼管）と川崎製鉄がくっついたJFEホールディングスもうまくいった事例である。もともと高炉メーカーのような素材産業は規模の経済が働きやすいのだが、JFEの場合は、各地の製鉄所の整理統合をスピーディーかつ徹底的に推し進めたことも成

功の要因のひとつである。

統合して規模やシナジーを追求する場合、お互いの面子や融和を優先すると、たいてい失敗する。両社の顔を立てて「たすきがけ人事」を繰り返せば、どこかのメガバンクのように、家庭内別居のような状態が続いてしまう。どの製鉄所を残して、どの高炉を廃炉にするかという議論も、経済合理性を無視して半分ずつ残すということをやり出すと、合併した意義は消えてしまう。

生産性に忠実に、古くて効率の悪いところは閉鎖する。新しい製鉄所は残す。その結果、残った割合が9対1だったとしてもかまわない。それを徹底したからこそ、合併の効果が表れたのだ。

逆に、経済合理性を徹底できずに失敗したのが、JAL（日本航空）とJAS（日本エアシステム）の統合だ。もともとJAL、ANA（全日空）、JASの3社競合で、過当競争に陥っていたから合併したはずなのに、社内融和を優先するあまり、無駄な路線の統廃合に本格的に手をつけられなかった。

絶対に儲からない路線がたくさんあったのに切らない。合併して無駄な人員をたくさん抱えていたのにリストラしない。もともと路線撤退は政治的にも大きな摩擦を生むので、新規路線配分や規制監督面でいまだ政治の影響を受けやすい航空産業においては、あまりやりたくない。そんなこんながシンクロ、増幅して不採算路線に手がつかないまま、むしろ新規路線と飛行機材ばかりが増えていき、ますます稼働率は下がり、固定費負担は重くなる。それがＪＡＬの低迷に拍車をかけ、結果として、経営破綻にまで至ってしまったのである。

その象徴がロゴマークの変更だ。明らかにＪＡＬのほうが規模が大きく、ブランド力も圧倒的だったはずなのに、有名な「鶴丸」を廃止して、「ＪＡＬ」の文字をあしらったデザインに変えた。いちばん大事な顧客を無視して、「社内融和」という内向きの論理で物事を進めた結果である。

ゲマインシャフト（共同体）的な論理では、事業の整理統合は進められない。リストラが必要なときは、血も涙もないと非難されようが、ゲゼルシャフト（利益集団）に徹するしかない。そう、経済合理性こそが、フェアネスの基準なのである。そうしなければ、結果的に事業そのものが破綻して、より多くの人が被害を受けることになる。

改善の余地はどこにあるのか

繰り返すがM&Aは、買う側、買われる側の両方にとって企業価値を高めるためにやっているはずだ。どんな方法であれ、両社の持続的な基盤収益力を高めることが唯一無二の目的である。

となると、何であれ経営の改善シロがどこにあるかが重要になる。経営陣を一新してメリハリの利いた戦略的な決断力を高めることが最も効くなら、そこが勝負だ。新しい経営スタイルや経営哲学の移植が重要なら、それを体現する経営者とそれを根付かせるスタッフを送り込むことが重要になる。

この辺までなら、前にも述べた組織の上部構造の改善に着目したアプローチであり、改善余地の発見もそれほど難しくないし、的確なキャスティングさえできれば改善効果を上げることも難しくない。

実は日本においてプライベート・エクイティがあまりうまくいかない理由は、プロフェッショナルマネジメントの蓄積が少ないために「いい役者」候補が少ないのと、プライベート・エクイティの側にそれを見抜く経営者選別能力の高い人が多くないことにある。

これをさらに進めて、経済構造のシナジーであるとか、研究開発やマーケティングなどで補完関係をうまく利用し合おうという、オペレーショナルな統合効果を狙うとなると、難度はさらに高くなる。そこではまず、期待される統合効果について、かなり詰めたリアルな評価が必要だ。

統合による改善余地の典型パターンが、規模の効果である。ところが、前著『ＩＧＰＩ流　経営分析のリアル・ノウハウ』でも書いたことだが、規模の経済というのは効きそうで効かない。非常に限定された業種の、そのまた一部の付加価値レイヤーにしか効かないので、「合併すればすぐに規模の経済が働く」というのは幻想でしかない。

一般にＭ＆Ａの世界では、相乗効果が過大に評価されている。仮に潜在的にシナジーがある場合でも、それを実現するには、相当な経営ノウハウ、スキルが求められる。Ｍ＆Ａの経営というのは、Ｍ＆Ａをどうするかというよりも、実は、買収後にどうやってＭ＆Ａの効果を実現できるか、そこにかかっていると言っても過言ではない。

そうなると、大事なのは、本当の改善の余地がどこにあるのか。生産性を高める可能性、チャンス、改善シロはどこにあるのかをリアルに突き詰めることが、Ｍ＆Ａの基本となる。

先ほどの日産・ルノーのM&Aでは、マネジメント部分に最も改善の余地があった事案だから、そこを変えることで効果が出た。系列モデルの見直しにしても、マネジメントが改善されて初めて実現できる。

JAL再生においても、破綻後に企業再生支援機構に「M&A」されたときに、官業的な組織文化の改革と、稼働率ビジネスにおいて最も重要な路線単位、機材単位の収支管理をしっかり行う経営手法の導入という意味で、「アメーバ経営」の稲盛和夫さんをキャスティングするところが、圧倒的に効果的な事案だった。

破綻当時、他のエアラインとオペレーショナルに統合して、ネットワーク効果やコストダウン効果を得ない限り再建できないと言っていた連中がいた。しかし、この事業の経済特性として、こうした事柄のインパクトはけた違いに小さいのである。

このように、経営者のレベル、経営手法のレベル、あるいはオペレーショナルなレベルそれぞれに、いったいどこにリアルかつインパクトの大きい改善シロがあるのか、その見極めこそが最も重要なのだ。この判断を間違えると、日産の復活もJALの再生もなかったかもしれない。

一気呵成に取り組んでこそ効果がある

買収や合併というのは本質的に経済行為なので、経済的に価値を生むかどうか、収益力が上がるかどうかを第一に考えなければいけない。経済合理性を唯一の判断基準として、並みいる反対勢力を押し切って改革を断行するには、日産のゴーン社長のような強力なリーダーシップが不可欠だ。

ＪＡＬとＪＡＳの例で言えば、合併したらすぐリストラを断行する経営能力がなければダメなのだ。直ちに、というのがきわめて重要だ。統合した勢いのまま、すぐに実行に移さなければ、永遠にできなくなるからだ。

「まずは融和優先で、仲良くなってから徐々にリストラを進めよう」などと思っていたら、１００年経っても終わらない。時間が経つほど情が移り、しがらみができて、目が曇る。だから、買収直後がチャンスなのである。

とりあえず半年は様子を見て、というのもナンセンスだ。時間が経てば、ある種の慣性の法則が働いてしまうので、いくら強力なリーダーでも、その関係性を解きほぐすのに苦労する。スピードこそ命、というのはＭ＆Ａの世界でも同じなのだ。

外部から経営者を連れてきたほうがうまくいく場合が多いのは、しがらみがなくて、動きやすいからでもある。

M&Aというのは、経営改革とセットでなければうまくいかない。経営者が代わるのもひとつの経営改革である。ビジネスモデルを見直すのも、事業の中身を組み替えるのも、激しいリストラを断行するのも、経営改革の一環だ。そして経営改革の対象は、買う側にも含まれる。むしろ心理的には、買う側の改革のほうが難しい。「なんで買収した側のこっちが変わらなきゃならないんだ」という反発が起きるからだ。

M&Aは、経営者やサラリーマンの帝国主義的な支配欲を満たすためにやっているわけではない。あくまでも企業体、事業体としての持続的な経済価値を高めるためにやっているのだ。そこに支配も被支配もない。

また買い手が勝者で売り手が敗者という関係性もない。すべては経済的な勝敗に帰着する。すなわち、元買い手だろうが、元売り手だろうが、持続的な基盤収益力を高められた人々が勝者となるのだ。日本以外の国々で、売り手側の企業から、買い手側のCEOが当たり前に出ているのは、当然の帰結である。買い手、売り手の双方における経営改革なきM&Aは絶対に成功しない。買収しただけで何かが起きると期待しても、何も起きない。

一緒になりたいと望んでいるのは、トップだけかもしれないのだ。安定志向が強い人ほど現状維持を望むわけで、現場レベルでは「できれば一緒になりたくない」と思っている人が大半かもしれない。そういう中で、一緒にすれば勝手にうまくいくだろう、と思うほうが間違っている。

シナジーを得たいのであれば、買収した後に、人為的に、半ば強制的に混じり合うように両方の組織を仕向けなければ、元いた組織の壁はなかなか破れない。それを壊すのはリーダーしかいない。

そして、リーダーに与えられた時間はきわめて短い。最初の数カ月で一気呵成にやらなければ、決してうまくいかないのだ。いわゆる100日プラン、この時期に固まってしまう初期値、発射角度で、M&Aの成否はほとんど決まってしまう。

IGPI流チェックポイント5

情にほだされて判断を誤らない。経済合理性が唯一の判断基準である。M&Aはスピードが命。買収後の数カ月で勝負が決まる。

6 経営トップは人の見極めから逃げてはいけない

日本企業による大型買収案件が相次ぐ

1980年代後半のバブル時代のクロスボーダーM&Aというと、多くが株価や不動産価格の値上がり期待によるもので、ブランドやビルを買っただけだった。買った後にその会社をどのように統治をするかという発想がほとんどなかったので、その後の市況悪化に伴って大きく価値を損ねた。

現在進行中のクロスボーダーM&Aは、特定の事業であったり、現地の販売チャネルという機能であったりの獲得を目的としている。当然、買収後に収益力向上を図ることが前提になるので、バブル期のM&Aとは似て非なるものである。

たとえば、2011年には、武田薬品工業はスイスの製薬大手ナイコメッドを1・1兆円で買収。今年になると、丸紅が米国穀物取引大手のガビロンを買収（2850億円）、ダイキン工業が米国住宅用空調大手であるグッドマンを3000億円で買収するなど、業界大手企業を対象とする大型案件が相次いでいる。

このような、日本企業による海外企業買収で、過去最も有名で成功した例は、JT（日本たばこ産業）が1999年に米国のRJRナビスコ社から、米国外のたばこ事業を1兆円で取得した案件だ。

当初は買収金額が高すぎると言われたが、JTは経営立て直しに成功、その勢いをかって、2007年にはさらに大型のM&Aを実現させた。2・2兆円で英タバコ大手・ギャラハーを買収したのである。

JTが成功したのは、買った後のマネジメントがうまかったからだ。ひと言で言うと、組織制度やオペレーションの統合にこだわらず、事業のわかる大株主としての役割に徹底集中する。あくまでガバナンスは利かせなければいけないし、そのために大変な労力を使うけれども、各市場のカルチャーを重視し、その特性を理解する現場の組織運営のやり方に対しては、必要以上に介入しない。一国二制度型である。JTのチームはこのうまいバランスを見つけたのだと思う。まさに松下幸之助翁の「任せて任せず」の極意である。

買った後にモチベーションを高める

M&Aで外国企業を買収した後、役職員にそれまで以上のパフォーマンスを上げてもらうためにはどうしたらいいのか。

欧米企業でM&Aを多数成功させている企業は、買収後の企業統治に長けている。被買収企業の人員にもインセンティブを与えて、モチベーションを高めるのが非常にうまい。ここは日本企業が特に苦手な部分である。日本企業によるクロスボーダーM&Aの成功事例が少ないのは、買った後のマネジメント体制に不備があるからだ。

ただ、最近は、日本企業が外国企業を買いにいくケースでは、そのような意識でM&Aをやる会社も増えてきた。買ったからといって、いきなり日本人をトップに据えるのではなく、今現場で働いている人たちにマネジメントごと残ってもらって、必要以上に介入しない。肝になるところだけを自分たちで押さえる。それによって、これまで以上の成果を上げてもらう。

では、どうやってモチベーションを高めてもらうかというと、インセンティブ・メカニズムの設計が重要になるが、これをローカルカルチャーに応じて行うことになる。たとえば相手が中国人の場合は、成果報酬型のインセンティブ・メカニズムの導入が不可欠となる。

また、現地スタッフに一定の権限を委譲することも必要だが、現地のマネジメントを中国人に任せるということになると、大きな問題にぶつかる。要するに、その中国人はどこまで信用できるのか、ということだ。

非常に難しいけれども、ここの見極めがうまくできないと、海外でのM＆Aは成功しない。逆に、買った先のモチベーション管理ができるようになると、それはものすごい財産に変わるのである。

人の見極めは経営トップの仕事

実際にインセンティブ・メカニズムをどう構築するか。目標を達成したときのボーナスをいくらに設定するか。目標を達成するための責任と権限をどこまで与えるか。

相手からすると、「人事権を含めてこれだけの権限をよこせ」という話になる。たとえば、３年間、この範囲内で自由にやらせてほしい。その間、これだけのレポーティングをする。３年後にこの目標が達成できれば、これだけのボーナスが欲しい。そういう交渉になる。

3年間もこの人物に任せて大丈夫なのかという判断は、本来なら、買い手企業のトップが自ら出ていって自分の目で見極めるべきだ。ところが、日本企業のトップは、忙しいとか理由をつけて、なかなかそれをやりたがらない。金額の交渉もそうだが、より重要なのは人物の見極め。まさに人対人の真剣勝負である。その部分を避けてしまうトップが多いというのは残念だ。

極端に言うと、金額を決める部分は、専門家に任せてしまうことも可能である。それよりも、人の部分、特に事業価値を向上させるうえで不可欠なキーパーソンの見極め。この人物は本当に信用に足るのかという判断、どれだけの権限を付与するかの判断、買収後の統治方法の判断は、経営トップの責任においてやるべきだ。

化学系メーカーの売り手側M&Aアドバイザーをしていたときに、買い手候補先企業のトップ自らが交渉の場に出てきて、「研究開発の責任者にだけ直接会いたい。他はアドバイザーに任せる」と仕切ってきた。そんなときは、この経営者はポイントをわかっているなと思ったものである。

将来の経営者候補をまとめて買いにいく

さらに一歩先を行く企業は、海外子会社のマネジメントを現地の人に任せるだけでなく、そこで成功した外国人トップを日本の本社に連れてくる。そういう意識を持って、外国企業を買いにいっているのである。

というのも、単純にヘッドハンティングで一本釣りをするよりも、うまくいく確率が上がるからだ。

少なくとも、自社の現地法人のトップを経験していれば、その会社の流儀はわかっている。そのうえで、実績のある人だけを本社の取締役に引っ張ってくるのだから、いきなり外部から経営幹部を連れてくるよりも、確実性ははるかに高い。

本社の経営陣に引き立て、さらに実績を積めば、社長になるかもしれない。真のグローバル企業というのは、そのようにして幹部クラスの人材を見極め、育てていくのである。

このように、クロスボーダーM&Aの目的として、事業や機能を拡充することに加えて、将来の経営者候補をまとめて買うことによって経営人材を確保し、自社の経営力を拡充するという意味合いも出てきているのだ。もちろん、それぞれの現地法人で下から育てていくのが正攻法だが、それでは市場や競合企業のスピードに勝てない。M&Aで買って、優秀な人材を引き上げていく。

これからはそういう人材戦略も必要になるし、そうやって引き上げられた外国人がいつ上司として日本にやってくるかもわからない。部下にとっても、ライバルとなる日本人の幹部職員にとっても、刺激になるだろう。外国人との激しい競争の中で、日本企業も鍛えられていくのである。

IGPI流チェックポイント6

買収後の現地のマネジメントを任せる人物を見極める。
将来の幹部候補はクロスボーダーM&Aで買いにいくという戦略もある。

第3章

どんな人材が重宝されるか

7 会社との距離の取り方を身につける

会社と付かず離れず、適度な距離を保つ

M&Aによって、事業部ごと売買されるのが当たり前の時代になったとき、そこで働く人たちはどうすればいいか。

買収後は、現場レベルでは不愉快なことがたくさんあるだろう。それまでとはまったく違うやり方を押しつけられるわけだから。だが、自分の会社のオーナーが代わろうが、経営者が代わろうが、上司が代わろうが、本人がユニバーサルなスキルセットを持っていれば、どんな状況でも突破口を見出せるはずだ。転校生が、最初に思い切り自分の得意技で一発かまして、友達の輪に入れてもらうみたいな話である。

ところが、自分の持っているスキルが、ある会社における、ある時代の固有名詞の権力関係の中だけで通用するスキルに限られていると悲惨だ。上部構造がガラリと変わった瞬

間、それまでの共同体の中で育まれてきた関係性は消滅してしまう。

派閥というのは本来内向きの仲間意識で、外部の人間から見れば無用の長物にすぎないので、社内政治に長けていた人ほど、新しい組織にとっては無駄な人材になりかねない。

たとえば、伝統的な大企業では、かなり先まで社長人事が見通せるところが少なくない。そうすると、それを見越して、誰に貸しをつくっておくか、誰に仲人を頼んで、誰を立てておくか、という計算が働く。組織に長くいるほど過剰適応してしまって、その関係性の中だけで生きていくようになる。

Ｍ＆Ａは、そうして培ってきたものをいきなり無力化してしまう。

そうした事態を避けるためには、ふだんから会社との距離の取り方を意識しておく必要がある。

一度でも転職したことがある人は、どの部分がその会社の特殊事情で、どの部分が普遍的なスキルなのか、客観的に判断できる。

前の会社と今の会社を比べて、共通するスキルは別の会社に行っても通用するだろう。逆に、前の会社の常識がこちらでは通用しないということもかなりある。それぞれの会社でしか発生しない業務にいくら習熟しても、別のところに持っていけない。だから、そこには深入りしない。

何が今の会社に固有のもので、何がそうではないのかを自分でよくわきまえながら、会社と一定の距離を保っておかないと、そこから切り離された瞬間に、組織人としての命綱を断たれてしまう。

会社に依存しすぎず、付かず離れず、適度な距離感を保つというのは、これからの時代のビジネスパーソンの基本的な生きる知恵である。

いつでも辞める覚悟を持つ

今自分が置かれている状況や、上司との人間関係がこれから先もずっと続くことはまずない。そこはドライに割り切る必要がある。

もちろん、だからといって手を抜くという話ではなく、今の職場で最大のパフォーマンスを発揮できるように、お互い協力するところは協力するし、仲間と信頼関係を築くのは悪いことではない。

だが、自分のすべてを会社に預けてしまうのは考えものだ。

いつでも会社を辞められる。何があっても自分はやっていける。そういう心構えで仕事をしていれば、会社に過度に依存しないで済むだろう。また、肚《はら》もすわって少々のことでは動じなくなるから、自分のパフォーマンスもかえって向上するかもしれない。

結果的に、ひとつの会社に30年勤められたら、めでたしめでたし、でかまわない。ただ、それは結果論であって、会社に居続けることを目標にしてはいけないということだ。そうすると、いつのまにか会社にからめとられてしまう。

会社に関係なく自分が価値を生めるものは何か、別の会社に行っても通用するスキルは何か。

言い方を変えると、ビジネスパーソンとしての自分の市場価値はいくらか。今転職するとしたら、どんな会社が自分にいくら給料を払ってくれるか。そういう視点で、自分を客観的に見る習慣をつけておきたい。

自分で転職することと、事業部ごと別の会社に買収されることとは、結果的には同じである。オーナーが代わり、上司が代われば、ガラリと変わる。たとえば、ＧＥというのは、買収先の会社を徹底的にＧＥと同化しようと圧力をかける。

それまでずっと〝○○教〟でやってきたのに、ある日突然ＧＥに買収されて、明日から〝ＧＥ教〟に改宗しなければならないというときに、〝○○教〟に染まっていた人ほど宗旨替えに苦労する。実際、旧長銀系のノンバンク、日本リースは2001年にGEに買収された。そういうことが誰にでも起こり得るから、それに対する備えをしておかなければならないのだ。

「ある日突然上司が外国人」という状況をリアルに想像する

会社と距離感を保ちつつユニバーサルなスキルを磨くということと、今いる会社に自分をうまく合わせることは、特に矛盾しない。今の会社の個別の人間関係をうまく保つことは、少なくとも当面は大事だし、それによって自分のパフォーマンスが上がるなら、特定の上司に取り入ることも悪いことではない。

しかし、それがいっさい通用しなくなることもあるということは、つねに頭の中に入れておかなければいけない。土日の接待ゴルフがいくらうまくても、別の会社では全然通用しないかもしれない。それしか取り柄がなければ取り返しがつかない。

それは部下としてのスキルに限らない。マネジメントスキルも同じである。

上司として部下を使うのが上手かどうかというのも、はたして今の会社だから通用しているのか、別の会社に行っても同じパフォーマンスを発揮できるのか、つねに意識しておく必要がある。

英語が必要かどうかというのも、同じ視点で考えればいい。

よく「自分たちはドメスティックな会社です」「取引先も国内に限られるから語学は必要ありません」と言う人がいるのだが、突然、外国企業に買われて、外国人が上司になることもあり得るのだ。実際、ホテルなどでも最近よく、そういうことが起きている。

だとすれば、そこはイマジネーションの問題なのだ。自分の身にも、いつ何時、そういうことが起こるかわからない。英語を話すという戦闘能力を身につけておかなければ、いざというときに大変だ。このようなことがリアルに想像できれば、英語を学ぶかどうかで迷うことはないはずだ。

英語を学ぶかどうか、ではなく、身につけていなければ始まらない、のである。

追い込まれると、会社は本性を現す

繰り返しになるが、今どき、65歳の定年まで同じ会社に勤められるのは奇跡的なことである。

残った人もたまたま運が良かったからそうなっただけで、大半の人たちは、40年の仕事人生の中で、一度や二度の〝転職（集団転職も含む）〟を経験する。公務員だって怪しいものだ。ある日突然民営化されてしまうこともある。下手をすると、「お取り潰し」に遭うかもしれない。

そういう時代だから、会社とは別に、自分の職業人としてのアイデンティティをしっかり持っておかないと、しんどいことになる。

では、会社とうまく距離を保てなかった人の末路はどうなるか。

会社と自分を同一化してしまう人、〝○○教〟に帰依してしまう人というのは、会社から捨てられた瞬間、生きていく術を失ってしまう。精神的にもたない人もいる。だから、会社がいよいよ危なくなって解体の危機に陥ると、そういう人たちほど必死に抵抗するのである。

カネボウの末期にも、ダイエーの末期にも、JALの末期にも、「会社がなくなるなら死んだほうがマシだ」といった、1億総玉砕的な激しい抵抗を示す人がいた。しかし実際のところ、会社がなくなって困る人はそんなに多くはいないし、むしろ、切り売りして残せるところは残したほうが、従業員の生活は保障されるのだ。

情緒的に盛り上がっている人たちの言うことを気にして、改革が遅れれば遅れるほど、条件が悪くなって、路頭に迷う人が増える。

「私は○○の社員です。会社とともに40年間生きてきました」という人は、それ以外、自分の拠って立つところがなくなっているから、愛社精神だけはものすごくある。自分の人生と会社の運命が完全に同一化しているから、会社を潰すとか、解体するということに耐えられない。

しかし、本当に残念ながら、会社というのは、最後の最後で裏切るものなのだ。いくら自分はＪＡＬが好きだとＯＢたちが叫んでも、最後の最後で年金をカットする。従業員のクビも切る。労働組合も改編する。

株式会社というのは、もともとの成り立ちからしてゲゼルシャフト（利益集団）なのだ。会社に限らず、本当に生きるか死ぬかというところまで追い詰められると、みんな本性に戻る。会社の場合はゲゼルシャフトだ。生き残りのために利益集団に徹すると、不要なところから切っていくことになるのは当然だ。

会社は自分たちを愛している、いつまでも面倒を見てくれると信じていたのに、そうではなかった。要するに、片思いでしかなかったのだ。

かつては、運良く両思いで、会社もハッピー、従業員もハッピーという時代が数十年間続いたかもしれないけれど、それは、たまたま幸せな時期だっただけで、そんなものがいつまでも続くと思うのが間違いのもとだ。

金の切れ目が縁の切れ目。業績が悪化して、自分の生き死にがかかってくると、会社は本性を現す。

会社とWin‐Winの関係を築く

経営者は、「できないことはできない」とはっきり言うべきなのだ。パナソニックの中村邦夫前会長が2000年代に行った中村改革は、利益集団としての会社が本性を現した瞬間である。

会社と従業員の蜜月はいつまでも続かない。会社とOB、会社と系列企業、会社と取引先の関係も、いつまでも同じままではいられない。利益集団に立ち返らないと、関係を維持するどころか、自分たちの存在そのものが消えかねない。

会社は基本的に利益集団だ。利益を上げ、そこから未来への投資を行い、さらにその残りを働き手と資本の出し手で分配することを、持続的に繰り返していく。これができて、会社は、そこに関わる人々に対する社会的責任を果たせる。

会社を巡る美しいお話、ヒューマンなお話は、あくまでも持続的に利益を上げることを大前提にしている。だから、そこはそういうものだと割り切らなければいけない。会社に過度に期待しない。会社に過度に依存しない。会社に過度に帰依しない。

だけど、今この会社で仕事をすることで得られるものがある。報酬もそうだし、経験を重ね、スキルを身につけることができる。だから、せいぜいうまく利用しよう。そうすることで、会社も儲けが増えるし、従業員も能力を高めることができる。Ｗｉｎ－Ｗｉｎの関係になるのである。

ただ、それ以上のことは会社に期待しない。自分の人生は自分で守るのが基本。会社もはっきりそう言えばいいのである。

会社としても、いい人材を採ろうと思ったら、働きやすいプラットフォームを用意しておく必要がある。ユニバーサルなスキルセットが身について、なおかつ、それなりの報酬が払えるかどうか。こういう時代を生き抜くために、個人に求められる能力や行動様式が学べて、安くない給料をもらえるなら、優秀な人材を集めることもできるだろう。

たとえば、ＧＥは明らかにそういう側面で人気のある企業である。将来、経営者になりたい人たちがＧＥへ集まる。リーダーシップ・プログラムが充実していて、選ばれた人たちは、会社からものすごく投資してもらえる。だが、その後GEに残れる人間はごくわずか。大半は辞めていく。転職マーケットでは、GEのリーダーシップ・プログラムの修了者というだけで、その価値が跳ね上がる。

GEもどんどん辞めていくことを前提にしている。上がれない人間は去る。それでお互いにWin‐Winになっている。

要するに、会社のありようとしても、従業員を切り捨てるという意味ではなく、そもそも守れない約束はしてはいけないということだ。不誠実だから。会社の側も、個人の側も、互いに誠実であろうとすれば、できる部分とできない部分を峻別しておく必要がある。

トップも社員も会社と自分を同一化しない

個人が会社と同一化しないということは、経営者にも当てはまる。

我々はIGPI（経営共創基盤）という会社であって、冨山和彦という個人そのものではない。冨山が中心になって立ち上げたからといって、「冨山＝IGPI」ではない。冨山自身、どこかで会社を辞めるつもり、と最初から公言している。そもそも冨山個人は永遠の命を持っていないから、いつか必ずこの世からいなくなる。

特にオーナー創業者の場合、会社とイコールになっている人が多いが、冨山の場合は最初から同一化していない。これまで会社を３つもつくってきているので、毎回同一化していたら、身がもたない。

社長自ら会社と距離を置いているので、そこで働く人たちも当然、会社と自分を同一化したりしない。そのほうがお互いにハッピーだとわかっているから、そうしているのである。

ところが、上の世代の人たちは、個人と会社、あるいは社員同士の距離をなくすことが善であるというふうに刷り込まれて育ってきた。だから、会社の仲間同士でやたらと旅行に行ったり、土日にゴルフをしたり、帰りに一緒に飲みに行ったり、ちょっと暇があったら麻雀をしたり、プライベートでも、社宅でお隣同士、家族ぐるみのつき合いだったりするのが普通だった。

少なくとも60代以上の人たちは、24時間、３６５日、限りなく時間を共有し、価値観を共有して、お互いの距離を短くするということを、会社としても推奨していたし、個人的にもそれがいいと刷り込まれている。

その延長線上で、過剰なまでの愛社精神を育み、お互いに癒着し、同一化してしまっているので、これを引きはがすことにものすごく抵抗するし、どうしても痛みを伴ってしまう。

その結果、売却のM&Aに関しては、必ずトゥ・レイトになる。時間がかかりすぎて失敗する。だから、シャープもあんなに業績が傷むまでいってしまう。

癒着しているのに、はがすと痛そうだから、はがせない。はがせないままズルズルいって、炎症を起こして膿んでしまって、もうどうしようもなくなってから、ようやくはがそうとする。

しかし、化膿しているから二重に痛い。もっと早い段階で、無理やりにでも癒着をはがしていれば、痛みはずっと少なかったはずなのに、それができなかったから、痛みが倍増してしまう。実際、そういう問題を何度も見てきた。

なぜそうしたことが起きるかといえば、残念ながら、会社と癒着している人たちが、上のほうにドッサリいるからだ。だが、はがす作業は、遅れれば遅れるほど、やる側も悲劇、やられる側も悲劇になってしまう。

古い価値観に染まった団塊の世代はこの先、現場からどんどん去っていく。だからこそ、組織の側も、個人の側も、距離感の取り方をお互いに学んでいくく必要がある。

こうした話は、自分のいる会社が業界ナンバーワンで、およそ買収されるリスクから無縁だから関係ないと思ってはならない。そもそもカネボウはかつて、日本の民間企業で最大の会社だった。ダイエーは最大の小売業、ＪＡＬは圧倒的ナンバーワンのナショナルフラッグキャリアだったのだ。

加えて、幸い買い手側に帰属していても、これからの時代のＭ＆Ａにおいては、リストラの嵐は買い手側にも吹き荒れ、さまざまな厳しい改革を迫られることになる。ふと気づくと、買い手側の人間でありながら、あなたはＭ＆Ａ後は必要とされない人材になっているかもしれないのだ。

ＩＧＰＩ流チェックポイント７

「会社＝社長」でも「会社＝社員」でもない。
会社に過度に依存せず、自分の身は自分で守る必要がある。

8 個人のパフォーマンスを最大化する

今後重要になるキーワード

先ほど述べた、「トップが会社と同一化しない」という言葉は、今後、日本企業の中でひとつのキーワードとなっていく可能性がある。

新しく会社を立ち上げるとき、「俺についてこい」「一緒に頑張ろう」と熱く語る社長は多いが、我々のスタンスは最初から違う。社長自ら「俺はいつでも辞めるよ」と言い、「こういうやり方で会社をつくるけれども、この話に乗る、乗らないは自分で判断して」と述べて、無理やり会社に誘い込んだりはしない。あくまで個人の判断で参加するかどうかを決めてもらう。

会社を立ち上げたときもそうだし、新たに人を雇うときも、すべてそういうスタンスでやっている。

我々のようなプロフェッショナルサービス型の会社は、ある意味、個人事業者の集まりでもあるので、特にこのやり方がしっくりくる。会社の名前や肩書で仕事をするのではなく、個人の実力で仕事をする世界なので、会社におんぶに抱っこでは、そもそも仕事にならないのだ。

だが、M&Aが盛んになれば、こうしたスタンスは、あらゆる業種で求められるようになる。「すべて会社頼みで一蓮托生、会社が沈めば自分も沈む」というのでは、これから先、日本経済を襲う荒波をサバイブできない。

メーカーであろうが、サービス業であろうが、会社と個人を同一化しない。適度な距離を保ち、お互いの力を持ち寄って、最高のパフォーマンスを発揮する。会社と個人がWin-Winの関係を築く。また、それによって社会全体の経済効率も高めることになる。

そういう体制に移行するためのひとつの手法として、経営者が自分自身を会社と同一化しないと宣言したり、行動で示したりするのは有効ではないか。

個人のパフォーマンスを最大化

社員はそれぞれが自立したプロであり、アイデンティティは個人の実績の上に築かれたものであって、会社に関連づいているわけではない。

では、なぜその会社で働いているのか。

自分ひとりでやるよりも、あるいは、別の会社でやるよりも、その会社でやるほうが自分のパフォーマンスが上げられるから、たまたまその会社にいるのである。もし別の会社に行ったほうが自分のパフォーマンスが上がるのであれば、その会社に転職するだろうし、もし独立して個人でやったほうが実力を発揮できるのであれば、独立すればいいのだ。

これは事業部単位で考えても本質的には同じことだ。会社にとって自社でやったほうが経済合理性のある事業であれば自社でやり、経済合理性がなくなれば事業部ごとM&Aで第三者に売却する。事業部側も、その会社の一部門であるよりも、MBO（経営陣買収）で独立するなり、他社の一部門となるほうが合理性があるのであれば、そういう提案をするべきである。

会社側も、なぜその人物を雇っているかといえば、そこに経済合理性があるからだ。年俸に値するパフォーマンスを発揮できない社員に対しては、「君、ちょっと違うんじゃない？」と言う権利は、会社にあってしかるべきだ。

要するに、お互いに得るものがあり、経済的にも理にかなっていれば一緒にいるし、かなっていなければ別れる。個人と会社というのは、本来そういう関係であるべきだ。

自立した個人と会社の距離の取り方がうまいのは米国企業だ。また、多くの成功している新興中国企業も特徴的で、金銭的報酬を個人の短期的なパフォーマンスにリンクさせている。従業員個人のパフォーマンスや仕事の上での貸し借りを、比較的短期間で経済的価値として精算をする。会社は必ずしも永続するものではない、特定企業に長期間所属するわけではない、という前提では合理的だ。

日本企業の多くは、今まで、その経済合理性の時間単位を比較的長期間で捉えることでうまくやってきた。もちろん経済環境や事業特性によっては、最適な時間単位の長短は違い得る。だから、短期間で貸し借りの決着をつけるアプローチが、すべてのケースに当てはまるとは思わない。だが、時代の流れは着実にその時間単位を短くしつつある。少なくとも、「○○社の社員であることが自分のアイデンティティのすべて」というような人は、この機会に、会社と自分の立ち位置を見直したほうがいいのではないだろうか。

同じ仕事をするときに、今の会社でやるのと、外でやるのと、独立して自分でやるのと、その時点で最大のパフォーマンスを発揮するのは、そのうちのどれか。また、どれがいちばん自分の成長につながるか。

そういうことをつねに考えて日々の仕事をしている人は、日本ではまだ少数派だ。だが、「今の会社にいることが複数ある選択肢のひとつにすぎない」と気づいた人は、同じ仕事をしていても、それが自分の実になるかをつねに意識し、自分に足りない部分はどこか、どうすれば自分のスキルをもっと高めることができるか、を考えるようになる。この気づきが、セルフマネジメントの出発点である。

「これまでもこれから先もずっと同じ会社にいて、上司・先輩の仕事を引き継ぐ」と思っている人と、「明日はどうなるかわからない、自分の将来は自分で決める」と考えている人では、日々の努力の仕方がまるで違う。

後者は、ちょっとしたことでも工夫し、試行錯誤を重ね、効率を高めて、結果を追求しようとする。その積み重ねが、1年後、5年後、10年後に大きな差となって表れるのだ。

できる人ほど会社を去るというジレンマ

一方、会社からすると、そういう優秀な人ほど会社を辞めてしまう、というジレンマがある。

会社と個人がつねに緊張感を持って接していると、もたれ合いはないかもしれないが、「市場価値がある人、あるいは自分の市場価値を客観的に見られる人」が、より高い評価を求めて会社から出ていくのは自然な流れだ。

特に昨今は、人材市場の流動性が高まりつつあるので、その会社に所属している意味を見出せなければ、当然出ていってしまう。

できる人から辞めていくのは、その会社に魅力がないからだ。経営者としては、優秀な人に少しでも長くいてもらうために、会社の魅力をいかに高め、維持していくかを真剣に考えなければならない。

「この会社にいれば、高いレベルで仕事ができる。自分の求めているスキルが身につく。それに見合った報酬も得られる」。そういう会社であれば、自然と優秀な人材が集まるし、会社全体のパフォーマンスも上がっていく。

逆に、そういうことに無頓着な会社だと、いつまでも優秀な人材を抱えておけない。もちろん、社員の短期的なパフォーマンスのみに報酬を合わせればよいということではない。会社の中長期的成長に必要な貢献も評価しないといけない。ただ、「この会社にいても自分は成長できない」、そう思われたら、できる人、自力で局面を打開できる人から会社に見切りをつけて去ってしまうので、そう思われない工夫が従来以上に会社に求められるのだ。

金銭的にも会社に縛られすぎない

会社と個人が適度な距離感を保つためには、金銭面で会社に縛られすぎないということも重要だ。

たとえば、ストックオプションや従業員持ち株会などで、まとまった額の会社の株を持っている場合、フローの収入とストックを両方会社に依存していることになる。万が一、会社が倒産したら、職を失うだけでなく、財産も失うことになって悲惨である。

個人の資産と負債のポートフォリオを会社に過度に依存するのは危険だ。

毎月の収入も、退職金も、企業年金も、従業員持ち株会もすべて会社頼みで、住宅ローンも会社から、ということになると、もしものときに逃げ場がない。会社から借りたローンの借り換えができないために転職を断念するケースもある。そういう問題が起こり得るということを想定しておく。

M&Aで会社ごと、事業部ごと買われた場合も、同じような問題が発生する。

それまでの企業グループでは、金融面での福利厚生が整っていたとしても、受け入れ側の企業によっては、そういう制度を設けない場合もある。もちろん、受け入れ側で似たような制度を用意するケースも多いが、必ずあるわけではない。

想定外、というのがいちばん怖いので、転職などで自分から会社を辞めたとき、会社または事業部が買収されたとき、会社が潰れてしまったときに、どんなことが起きるかをチェックして、いくつかの選択肢を用意する。いざというときの「お金の備え」は、１カ所にまとめておかないことが肝要だ。

投資の世界では、「ひとつのバスケットに全部の卵を入れない」という言葉がある。一生同じ会社にいられる人は少ないのだから、今所属している会社に自分の人生をすべて預けてしまうのはリスクが高い。

かつての日本企業では、社内結婚で奥さんが寿退社、仲人は会社の上司、社宅住まいで隣近所も会社の人だらけ、家を買うときは住宅ローンを会社から借りて、持ち株会で会社の株を買い、退職金も企業年金も全部会社に依拠していた。終身雇用で、定年まで同じ会社で働くのが当たり前だった時代はそれでよかった。

だが、今、そんなことをしていたら、おいそれと辞められないし、会社にもしものことがあれば、運命共同体で自分も一緒に沈んでいくしかない。もはやそういう時代ではないのだ。

IGPI流チェックポイント8

今の会社に居続ける、転職して別の会社に移る、独立する、どれがいちばん今の自分にふさわしいのかをつねに意識する。

9 ライバルは欧米人やアジア人

欧米企業による日本への投資が再活性化？

自分の会社や事業が買収されて、集団転職できたといっても安心できない。買い手の企業は、経済的に価値があるから買ったのであって、無駄な人材は最初から雇うつもりはないし、儲からなければ、即座にリストラを強化するだろう。

利益集団となったときの会社は強い。つき合いが短い分、情に溺れることもない。そうなると、買い手企業から見て、どんな人材が評価されるのか。どんな能力に価値があり、逆に、どんな人間はいらないと思われるのか。それを知らなければ、買収後に生き残ることは難しい。

では、買い手企業はどんな能力を欲しているのだろうか。

第1章の冒頭で、M&Aには、外国企業が日本企業を買うOUT-IN、日本企業同士のＩＮ－ＩＮ、日本企業が外国企業を買うＩＮ－ＯＵＴ、という3つのパターンがあると述べた。

わかりやすいのは、外国企業に買われるＯＵＴ－ＩＮ型の買収だ。かつては米国のファンドによる買収が世間の注目を集めたが、最近では、ハイアールによる三洋電機の洗濯機・冷蔵庫事業買収や、鴻海精密工業によるシャープの買収問題が大きくクローズアップされた。

買収によってオーナーや上司が外国人になる可能性も高い。彼らと直接やりとりする人は英語でコミュニケーションをとる必要がある。また、中国語のコミュニケーションも必要となるかもしれない。上司だけではない。社内で業績を競い合う同僚も外国人になる。そういう状況の中で、自分をアピールしていかなければ、あなたの居場所はなくなってしまうかもしれない。

実は、ＯＵＴ－ＩＮ型の買収自体は減っている。ここ数年の円高で日本企業は割高になっているし、日本市場自体がシュリンクしていて、外国企業から見て魅力が乏しくなっていることが理由だ。

だが、このトレンドも今後変わる可能性もあるかもしれない。近時の日中問題を契機に、「チャイナリスク」について欧米の企業や投資家も再認識した。相対的に日本での事業環境は安定している。円高トレンドが一段落すれば、中国企業による日本企業の買収の増加トレンドに加えて、欧米企業による日本への投資も再活性化する可能性もある。

日本企業による外国企業の買収が過去最高の水準に

一方、日本企業が海外市場を求めて出ていくＩＮ－ＯＵＴ型のＭ＆Ａが、円高の追い風も受けて急速に増えている。

この場合、日本企業は買い手であって、自分たちが買われるわけではないから、関係ないと思うかもしれない。しかしよく考えてほしい。

海外市場に打って出るために現地の企業を買収したとすると、社内の外国人の比率は当然に増加する。それだけではない。日本の国内市場の価値は相対的に落ちていくから、売り上げ的にも海外比率がどんどん高まる。

その結果、何が起きるかというと、社内におけるあなたのライバルは日本人ではなく、海外の事業所で働く外国人になるのだ。売り上げを競う相手も、国内事業だけではなく、海外の拠点になる。

どういうことかというと、買収した会社の外国人があなたの上司として日本に来るかもしれない。あるいは、現地に赴任せよと言われるかもしれない。海外採用の中堅・若手クラスが日本に転勤してくる。新卒社員のグローバル採用も始まる。外国籍従業員に対して存在する「ガラスの天井（glass ceiling）」を外す企業も増えている。そうでなくても、半年間出張して、現地営業所の外国人をサポートしろというケースが出てきても不思議はない。

要するに、外国人とガチンコで競争しなければいけなくなるのだ。その勝負に敗れると、今の組織の中で居場所がなくなる。海外子会社の売り上げが増えているのに、国内部門が低迷を続けたら、国内部門だけリストラが始まる可能性も否定できない。追い出されるのは、あなたかもしれない。

残念ながら、日本語ができる、日本本社とのコミュニケーションがスムーズであるというあなたのアドバンテージは時間とともに薄れていく。外国人が本社のボスになったときには、そのアドバンテージは失われる。

人口減少社会で、日本市場がシュリンクしていくのはわかっているから、日本企業としては、海外に出ていかざるを得ない。そうしないと成長が望めないし、海外市場で戦える会社や人材を手に入れないと、そもそも戦略的に立ち行かない。

輸出依存度の高いエレクトロニクスや自動車メーカーはすでに完全にそういう体制になっている。これまで内需中心だった産業も、ユニクロやコンビニのように、今は海外にどんどん進出しているから、海外比率が高まっている。

しかも、海外の定義が従来の欧米先進国ではなく、中国やインド、ASEANを中心とするアジアやBRICs（ブラジル、ロシア、インド、中国）が主戦場になってきている。

そこで戦うために、どんな人材が必要なのかといえば、現地の社会状況や文化、経済事情に通じた人がまず挙げられる。

海外でモノやサービスを売るためには、その国の市場特性、ローカルなルールに詳しい人材が不可欠なので、IN-OUT型の買収は、そういう人のかたまりである組織を買うという側面がある。一から募集をかけてヒトを集めるより効率的だからだ。

このとき、日本にいる日本人も、海外でモノやサービスを売るということに対してどんな貢献ができるのか、仕事の再定義を迫られることになる。

「私は英語ができません」「外国人と仕事をする自信がありません」というのは勝手だが、そういう人は、社内における地位が相対的に下がるのは避けられない。それがイヤで会社から飛び出しても、他の会社も似たような状況になっているだろう。人材市場での評価は下がる一方にならざるを得ないのである。

中国市場で日本のプレゼンスは落ちている

ここで、現場の臨場感を知っていただくために、今中国で何が起きているか、ざっと述べておこう。

中国は今や〝世界の工場〟から〝世界の市場〟へと移行した。成長率がやや鈍ってきたとはいえ、今後も世界経済を牽引する巨大市場であることは誰も異論がないだろう。だがそこで、近時の反日運動の影響は別として考えても、多くの日本企業は市場シェアを落としている。

日本にいると、「さすがにこの会社は大丈夫だろう」と思うような有名企業でも、決して安泰とは言えない。むしろ、中国企業が急速に力をつけてきて、苦戦を強いられている。

そういうときに日本企業にありがちなのが、それまで現地法人を率いていた中国通と言われる日本人トップに見切りをつけて、日本からエース級の人材を送り込むという戦略だ。日本市場よりも競争の厳しい中国市場には、エース級が行かないと勝てないとの認識からだ。ところが、いくらエースが行ったとしても、それだけでは中国では太刀打ちできなくなってしまっているのだ。

要するに、中国でモノやサービスを売るためには、日本人だけでは限界があるということだ。中国人をトップに据えて取り組まなければいけないのだが、中国人でありさえすれば何とかなるという時期はとうの昔に過ぎ去っていて、中国人でもエース級の人材でないと勝てない。今の中国市場は、世界有数のコンペティティブな市場なのである。

外から中国人の優秀な経営者をリクルートしてきて、総経理（社長）を任せる。そこまではすぐにできないにしても、少なくとも市場に近いところ、商品開発、販売、マーケティングといった部分は、彼らに任せなければいけない。製造部門のマネジメントぐらいは、まだ日本人がやってもよい。だが、これも労働問題の複雑化とともにその役割を再定義しないといけない。

そういう組織で求められる日本人の役割というのは、従来とはまったく異なってくる。

ボスは中国人。社内公用語は英語と中国語。日本語が話せることを条件にしていたら、優秀な人材は採れないからだ。そういうチームの中で仕事をこなしていかねばならないのだ。

合理主義者の中国人経営者がトップにいて、そこにサポート役で派遣される日本人にはどういうスキルが求められるのか。あるいは、日本の本社で中国側とやりとりする窓口の人にはどんな能力が必要なのか。現地法人を統括する立場の人は何をすべきなのか。

中国市場で勝つための組織をつくるためには、現地事業所である中国側だけを変えればいいわけではない。日本の本社サイドの仕組みに、手を入れなければいけない。企業のアーキテクチャそのものの変革が問われている。

たとえば、マーケット価値が高い中国人を採るためには、場合によっては本社役員よりも多額の報酬を払わなければならないかもしれない。人事権や決裁権も含めて、相当レベルの権限を譲渡したうえで、中国人にトップを務めてもらう。本社の体系をそのまま当てはめるだけでは、優秀な人材は採用できないのである。

では、そういう中国人トップが使いたいと思うような日本人のスタッフはどういう人なのか。もしかしたら、日本人よりも、英語が堪能で合理的な中国人やアジアの人間を集めたほうがいいと思うかもしれない。人事権を持った現地法人の総経理が、中国人やアジア人だけでチームを固める可能性も否定できない。

ライバルは日本人だけではない

これからのビジネスパーソンは、ライバルは日本国内だけではないということを、本当に強く意識しておかないといけない。個人レベルでもそうだし、事業部などの人のかたまりにしても、M&Aでかたまりごと売買する時代だから、なおのこと、国内だけを見ていてもしかたないのだ。

自分の会社はM&Aなどとは無関係だと思っていても、国内の競合企業が海外市場に活路を見出し、そこに打って出たとすれば、その余波は自分の会社に降りかかってくる。日本企業同士のＩＮ－ＩＮの買収であっても、主戦場が海外に移った段階では、円高で割安な外国企業と天秤にかけられ、そことの比較で優位性がなければ、そもそも買ってもらえない可能性が出てくる。

以上をまとめると、外国企業に買われたときにどうすればいいか、どんな人材が評価されるかという問題と、日本企業が海外進出したときにどうすればいいかという問題は、実は、同じ問題の表裏でしかないということがわかる。

外国人の上司が突然やってきたときに対応できる人であれば、日本企業が海外の企業を買ったときに、「その会社の統括マネジャーとして現地に行け」と言われれば行けるはず。現地情報の知識といったものはローカル固有のものであるが、海外の現地法人で求められる基礎的スキルや能力は基本的に同じである。

ただ、そこで求められる能力というのは、単純に英語ができるかできないか、中国語が話せるかどうか、ということだけにとどまらない。どんな人が評価されるか、後に詳しく述べていく。

IGPI流チェックポイント9

日本人が日本人とだけ競っていればいい時代は終わった。アジア人や欧米人と伍していくためのスキルを磨け。

10 買い手はデューデリジェンスで何を見ているか

デューデリジェンスの4本目の柱

企業がM&Aをするときは、デューデリジェンス（適正な投資なのか、または投資する価値があるのかを判断するため、事前に行う詳細な調査）で相手の会社の中身をどれだけ正しく把握できたかが、結果を大きく左右する。

買い手企業は、デューデリジェンスを通常3つに分けて実施する。

ひとつは事業（ビジネス）。事業については、買い手となる企業が中心となって評価する。戦略系のコンサルティング会社を使うケースも多い。

2つ目が財務。お金回りの話は、会計事務所を使ったりして評価する。

3つ目が法務。ここは法律事務所が主に担当する。

この3つのデューデリジェンスは、同時並行的に進めていくのが一般的だ。最終的に、

1、2、3を束ねて企業価値を評価し、売り手側との交渉も含めて担当する役をファイナンシャルアドバイザー（FA）と言って、証券会社が務めることが多い。
最近は、この3つに加えて、4つ目の柱として人材デューデリジェンスを意識して行う会社が増えてきた。実は、この部分をどこまで掘り下げてやれるかどうかが、M&Aの成否を決めるいちばん大きな鍵と言っても過言でない。

ただ、いまだ多くの日本企業は、1、2、3のところに比重が寄りすぎている。M&Aに強い外国企業は、人材デューデリジェンスに大きなウェイトを置いているところが多い。専門家を入れて面談をするケースもある。

買収後に誰を引き上げるかをチェックしている

では、人材デューデリジェンスで何を見ているのか。

M&Aは取引が成立したら終わりではなく、そこが始まりである。買収後に、その会社をどういう形で統治するかがきわめて重要だ。

そのためにはまず、どんなカルチャーの会社であり、どういう仕組みで成り立っているのかを知らなければならない。そのうえで、その会社を統治するときに自社からはどんな人間を送り込んで、どのように統治させるかを考える。さらに、買収先の会社から人材を抜擢するとすれば誰をピックアップしたらいいか、という固有名詞のレベルまで見にいく。役職員の人事評価や報酬体系が自社と比較してどう違うのか、も併せて見ることも多い。買収直後の１００日間なりで、買収後に評価制度や報酬体系を変更するべきかどうか、変えるとすればどう変えるのか、具体的に検討することになるが、その際の重要な材料となる。

デューデリジェンス段階でそこまで意識して見ている会社は、M&Aで成功する確率が高い。その意識が弱い会社は、買ってから考えればいいと思っているのだが、現実にはそれではなかなかうまくいかない。ブッシュ・ジュニア時代の米国は、サダム・フセイン憎しでイラク戦争を始めてみたものの、フセイン打倒後のイラクをどう統治するか、十分に考えていなかったために戦後統治に大変苦労した。あれと同じである。

裏を返せば、M&Aに熟達した相手ほど、デューデリジェンス段階から、そこで働く一人ひとりの能力を見極めている。個々人の採点表をつけているのだ。

「自分の業務について直接聞かれたわけではないから」と気を抜いていると、実は、相手はインタビューを通じてあなた自身の能力も評価していた、ということになるのだ。

デューデリジェンスをする側は、誰を引き上げるか、誰をどのポジションに置くかで、買収後のパフォーマンスが大きく変わることを知っているから、人を見る目は真剣だ。だから、デューデリジェンスを受ける側も、つねに見られているという緊張感を持ってやらないと、思わぬところで足元をすくわれることにもなりかねない。

買い手によって変わる評価

では、どんな人が評価されるかというと、買い手企業のカルチャーや事情によってまったく違ってくる。

たとえば、以前、産業再生機構が関わった事案で、ある老舗メーカーを2年がかりで再生支援したうえで、第三者に経営権を譲渡するということになった。複数の会社が手を挙げてくれたのだが、最終的に残ったのが、日本有数の素材メーカーと米国有数の買収ファンドだった。

この2社がそれぞれ提案してくれたのだが、株をいくらで引き取るかという話とは別に、その会社のプロパーの社員の中で誰を評価するかを聞いたら、双方からまったく異なる答えが出てきた。

その会社の執行役員の中に非常に営業に長けた人がいた。アメリカで長年営業をやってきて、外国人相手にモノを売ることができる、いわゆる「やり手商社マン」。とにかく売り上げを上げる力は折り紙つきで、頼りになる。ところが、鼻っ柱が強くて政治的な動きも多い。組織の和を乱しがち、という面もあった。この人物をどう評価するか。

米国のファンドの評価は「エクセレント」。常務に抜擢したいとの意見。数字をつくれる人ほど高く評価する。一方、日本のブルーチップ（優良銘柄）の会社からすると、その人物は扱いづらい。できれば遠慮したいという評価だった。

あまりにわかりやすい例だが、評価が分かれたのにはちゃんと理由がある。

米国のファンドとしては、会社を買ったら、そこはプロフィットセンターとして位置づけたい。要は、稼いでくれということだ。

一方、日本の大企業からすると、そこはどちらかといえばグループ内のコストセンター。だから自分たちが言ったことをきちんとやってくれればいい。余計なノイズはかえって邪魔だ。

だから、単に好きか嫌いかというよりは、それぞれの戦略に照らし合わせると、それぞれ正しい判断なのだ。

結果的に、その会社は日本企業に買収されて、くだんの人物は予想通り追い出された。だが、その人は今、別の会社でハッピーに実力を発揮しているようだ。

その人は、自分で生きていけるだけのスキルと心の準備、要はセルフマネジメントができていたのだ。だから、デューデリジェンスのプロセスの中で、双方の候補から面談を受けたときに、包み隠さず、自分のことを積極的にアピールしていった。伝統的な日本企業からどういう評価を受けるかも、おそらく織り込み済みで動いていたのだと思う。そこまで腹が決まっていれば、怖いものはない。

その人が、もし仮に買収後も会社に残ったとしても、最大のパフォーマンスは発揮できなかったはずだ。であるなら、そのようなタイプの人は会社を出て、自分の能力を最大限発揮できるポジションをとりにいったほうが、本人にとっても社会にとっても、良いことだ。

彼が経験したようなことが、いつあなたの身に降りかかるかわからない。だからこそ、ふだんから準備を怠らないことが大切だ。

IGPI流チェックポイント10

買い手企業はデューデリジェンスの中で、あなたの能力を評価している。
つねに見られている意識を持ち、抜かりなくそのときに備える必要がある。

11 説明能力が高ければどこでも通用する

語学はできて当たり前

外国企業に買収されたり、海外現地法人に派遣されたり、外国人がボスになったりしたとき、高く評価される能力とは何だろうか。

言うまでもなく語学力は不可欠だ。

英語で一通りコミュニケーションがとれるのが大前提で、できればもうひとつ別の言語、中国市場で仕事をするならビジネスレベルの中国語も必要となるだろう。

日本人同士に置き換えて考えればわかるが、「上司やクライアントと会って、きちんとしたビジネスの話をすることができない、メールのやりとりもできない」というのでは仕事にならない。だから、言葉の壁は努力して克服するしかない。

短期間で効果のある語学の学び方については、第4章で紹介する。

英語が必須なのは間違いない。だが、ただ話せればいい、読み書きできればいい、というわけでは決してない。

英語は意思疎通を図るためのツールだから、最初に「意思」がなければ始まらない。「意思」とは話す中身である。

自分の事業の価値を語れるか

自分の事業の価値をきちんと言葉にして説明できる人は強い。たとえば、銀行の融資担当者が「金利○%でお金を貸します」というときに、そのお金を貸すことでどれだけ儲かるのか。

銀行は預金を金利△%で集めて、金利○%で貸し出す、その利ざやで儲けている。預金金利に貸倒引当金等を含めた直接、間接のコストを乗せた、「カネの仕入れコスト」はいくらなのか。貸出先の信用や担保等条件に応じてもコストは変わる。そのコストを知らないと合理的な判断はできない。

あるいは、我々のようなコンサルティング会社では、時給□万円という報酬が発生する。その値付けの根拠が説明できるか。

コンサルティングによって、クライアントにいくら利益をもたらしたのか、あるいはもたらさなかったのか。なぜその値段が妥当なのかを自分で説明できない人は、コンサルタントとしての能力に欠けると言わざるを得ない。

これはモノづくりでもサービス業でも同じである。自分たちの売り物は何で、それを売るのにどれだけコストがかかり、どれだけ利益が乗っているのか。製造・流通・販売各々の工程に関与する部門や事業者の経済性はどうなっているのか。

自分のビジネスの儲けの仕組みを理解している人は、実はそれほど多くない。大きな組織になるほど、何がどうなって儲かっているのかが見えにくくなる。自分の関わるビジネスの経済性についての考え方がわからないという方は、前著『IGPI流 企業分析のリアル・ノウハウ』をぜひ参考にしてもらいたい。

自分たちのビジネスの儲けの仕組みをよく理解している人、自社の商品やサービスの価値を客観視できる人は、新しくオーナーや上司になった人から見ると、頼りになる。

なぜなら、新しい上司が従来とは異なるルールやビジネスの条件を持ち込んできたとき、できることと、すぐにはできないことを瞬時に判断し、その理由を説明できるからだ。

「なぜ」を自分の言葉で説明できる人は強い

たとえば、あなたは自分の会社を自分の言葉で説明できるだろうか。上場企業であればＩＲ（投資家向け情報）として対外説明に利用している資料があるはずだ。四半期決算の説明資料よりも、中期経営計画もしくはアニュアルレポートから始めるのがよい。非上場企業であれば、財務情報を含む会社パンフレットを使って説明できるだろうか。

会社のトップまたはオーナーの立場で、自分の会社を説明できるだろうか。財務や経理の専門家でなかったとしても、自分の会社のことであれば、業績動向や財務データも含めて第三者に説明できないといけない。自ずと自社の歴史的経緯や競合他社との比較についても言及することになるだろう。

複数の部門があるのであれば、事業部門ごとの過去数年間の業績推移を見る。各事業部門の業績動向の要因を説明できるようにする。「××商品の販売が予想より低迷したため」といった表面的な要因だけではない。「なぜ××商品が売れなかったのか」の構造的な要因を説明できるようにする。

たとえば、総合家電メーカーの白物家電を担当する事業部に所属しているとしよう。隣のＡＶ製品担当の事業部などが軒並み業績低迷している中で、白物家電事業部は業績好調である。なぜだろうか。家電量販店のＡＶ製品売り場は海外メーカー製品に満ちているが、白物家電売り場は日本企業の製品が主力である。なぜだろうか。

たとえば、冷蔵庫はなぜ日本製品が売れ続けているのか。消費者の目線で考えてみる。その消費者ニーズを満たすために自社は何をしているのか。海外メーカーが市場に参入できていないとすればなぜなのだろうか。

中国のハイアールが三洋電機の洗濯機と冷蔵庫事業を買収した。その本質的な理由はなんだったのだろうか。

これらの「なぜ」を自分なりの言葉で説明できる人は強い。日本メーカーは一層の事業の選択と集中を迫られている。組織と事業のモジュール化が進展する。国境をまたぐＭ＆Ａやアライアンスも当然に増加するだろう。そんな場合にも、これらの「なぜ」は役に立つ。

「なぜ」を考えるうえで、自分が関わる一部のビジネスにとどまらず、トップ目線で全社を俯瞰できる人は、環境の変化に対する適応力が高い。そのような人にとって、組織が替わったときは、「こうすればもっと儲かるはず」という、温めてきたオリジナルのアイデアを試す絶好のチャンスになるだろう。

議論のできない人はいてもいなくても同じ

営業マンにしても、ただ売るのではなく、「製造コストがいくらで、販売管理費がいくらで、いくらで売れば儲かるのか。逆に、いくらまでなら値下げに応じることができるのか」、このようなことにまで意識を持って、理解して売っている人は、いざというときに強いのだ。

ボスが代わって、売り方を変えろと言われたときに、ふだんから自分で考えてきた人は、議論ができる。ただ言われたことをこなすだけではなく、自分の意見を表明することで、より良い解決策が見つかるかもしれない。

外国人から見れば、自分の意見を持ち、それをきちんと説明できる人のほうが信頼できる。意見を言わない人は「意見のない人」と見なされる。つまり、その場にいてもいなくても同じような人ということだ。彼らが、そんな社員に仕事を任せることはないだろう。

人材デューデリジェンスの現場でも、きちんと議論のできる人を探している。

「現在こうやっているのを、このように変えたらどうなりますか」と尋ねたときに、すぐに答えを返せる人、きちんとキャッチボールができる人は評価が高い。そこで返答に窮してしまう人は、うまく変化に順応できない可能性が高い。

小さくても経営経験のある人は注目される

規模は小さくても、組織のトップを経験した人は、説明能力が高い。

子会社や関連会社を経営したり、社内ベンチャーを立ち上げたり、独立採算制の事業部を見ていた人というのは、たいてい数字に強い。数字で客観的に説明できる人は、外国人との交渉でも見劣りしない。

PL（損益計算書）はわかるという人は多くても、BS（貸借対照表）もCF（キャッシュフロー）も併せて見ているという人は少ない。だがPL、BS、CFの財務三表を併せて判断しないと、会社や事業の業績評価をするうえでは不十分である。

小さな会社でもトップを経験すれば、営業項目はもちろん、財務三表などの管理系指標や人事なども一通り全部見なければいけないので、経験値の質が違うのだ。社内では傍流であっても、外部から見たら、辺境にいる子会社社長というのは、実は、非常に評価が高いということも珍しくない。

ただ、経営トップの経験がないからといって、諦めることはない。日々の仕事の中でも、経営マインドを身につけるチャンスはいくらでもある。

たとえば、経営トップになったつもりで日々の判断を考えることである。経営トップの実感がないのであれば、自分より2階層上の上司の立場に立って考える癖をつけることから始めるのもよい。

営業担当であれば、販売目標の設定をされているであろう。ＫＰＩ（Key Performance Indicator：重要業績評価指標）と呼ばれているかもしれない。このＫＰＩはいかなる理由で設定されているのかを考えてみる。

全社の戦略に合致しているのかどうか。自分を含む営業担当に適切なモチベーションを持たせる目標となっているのかどうか。トップの意識になるといくらでも考えることはある。いずれにしても「目標は上司から降ってくるもの」と考えてはいけない。自らの目標の意味について自らの頭で考えることが出発点である。

もちろん、一営業マンが組織改革の私案を胸に秘めていたとしても、すぐに実現できるわけではない。だが、そういう意識で自分の組織を冷静に見ている人は、議論の場に比較的容易に参加できるし、変化に対する適応力も高い。言われたままに商品を売っているだけの人との差は歴然だ。

販売戦略や施策をトップ目線で語れる人、自分なりの改善案を考え続けている人は、会社にどれだけ大きな変化が起きても、きっとサバイブできるだろう。

そういう人は、日本でもモノやサービスが売れるし、たぶん中国に行っても、アフリカに行っても売れる。その会社に残っても、別の会社に移っても、売れる。どこでも通用する（ユニバーサル）、持ち運びのできる（ポータブル）能力だ。

M&Aで初めて発見される才能もある

だが、そうした汎用スキルは、ひとつの会社にいるだけだと、本人も気づいていないことが多い。M&Aによる集団転職というのは、実は、組織の中から隠れた才能を見出し、その人に活躍の場を与えるチャンスでもあるのだ。

古い体制の巨大な組織ほど、ポテンシャルを持った人材が埋もれてしまっている可能性が高い。上のほうが「ドン詰まり」になってしまって、若い人が持てる才能を発揮する場がないことが多いのだ。

でも、M&Aによって隠れた才能を掘り起こし、解き放ってあげれば、想像以上に大きく花開くこともある。別の会社、別のフィールドに行くことで、本人の才能が開花するケースもある。

事業再生は、その結果として事業の所有者が代わることが多く、その意味ではM&Aとは切り離せないが、その現場で、我々は才能の開花を日々実感している。

事業再生状態に陥る会社ではできなかったことが、事業再生の過程で「ドン詰まり」が解消されて若い人が活躍できるケースもある。その逆に、少々無理をしてでも別のフィールドに転職して、活躍できているようなケースもある。

本人も気づいていなかった魅力や才能を見出し、さらには、組織としてのポテンシャルを最大限まで引き出すことが、M&Aの買い手の醍醐味でもある。

停滞していた組織が動き出すには、どこのボタンをどうかけ替えればいいのか。どの垣根をどう取り払えば、その組織が回り始めるのか。

新たな歯車をひとつ追加することで、組織が回り始めるというケースもある。そういうときには、買い手企業から人を送り込むか、外部からふさわしい人を連れてきて、そこのピースに入ってもらう。

欠けていたのは、野球で言うと監督かもしれないし、コーチかもしれない。4番バッターが足りないのか、俊足巧打の1番バッターが足りないのか。ベテランと若手をつなぐ中堅どころがいないのか、チームを盛り上げるムードメーカーがいないのか。

これはもうケース・バイ・ケースで考え、動いていくしかない。4番バッターが3人いるところに新たなホームランバッターを追加してもお金のムダ遣いだ。そういうバランスを見るのが、人材デューデリジェンスのいちばんの肝になる。

IGPI流チェックポイント11

自分のビジネスの現状と課題を把握し、数字で説明する能力があれば、どこでも通用する。自分の意見を持たない人は、相手にされない。

12
外国人と一緒に働くことに向いている人、向かない人

初対面の人とすぐにわかり合えるオープンな性格

性格的な向き、不向きとでも言うべきか、上司が代わっても、組織が替わっても、うまくやっていける人に共通している性格がある。

他人との間の心の壁を崩すことがうまいオープンな性格の人は、初対面の相手とでも気兼ねなく話ができるし、新しい環境にもすぐ慣れる。変化を拒むのではなく、むしろ積極的に受け入れて、新しい知識をどんどん吸収する。

学ぶことに対して謙虚であり、貪欲な人は、環境の変化を歓迎する。相手の人種や話す言葉に関係なく、人との距離をうまく近づけられる人は、これからの時代は特に重用されるだろう。

逆に、人見知りの激しい人、環境の変化に順応できず、自分の殻に閉じこもってしまい

がちな人は、別の文化、別のルールを持ち込んできた人からは評価されにくい。それどころか、気をつけておかないと、改革の抵抗勢力と見なされる。そうなると、やっかいだ。真っ先にリストラ候補に挙げられるかもしれない。

これからの時代、組織に求められる多様性、つまりダイバーシティとは、年齢や性別にとどまらず、人種、国籍、言語の違う人たちが、ひとつの会社の中で共存していくことを指す。文化的背景や宗教がまったく異なる人たちが集まって、お互いに理解しようというときには、オープンな性格の人ほど溶け込みやすい。

もちろん言葉の壁もあるのだが、それ以上に重要なのが、その人の持つキャラクターだ。

日本企業の中に、海外拠点から別の海外拠点へと異動で渡り歩く人がいる。「外—外人材」と言われたりもする。日本に戻るのは、冠婚葬祭、健康診断やビザの更新というタイミングだけだ。

このような人たちは従来、「海外に飛ばされて、たらい回しにされて可哀想」というイメージが強かったが、今ではどうだろう。逆ではないか。企業から経済的支援を受けて、海外市場での鍛錬の場をもらい、自らの価値を向上させている。特に、海外拠点でマネジメントやそれに近い経験をした人にとっては、企業のM&A活動は自らの活躍の場を拡げる絶好の機会となるであろう。

相手がどこの国のどんな民族の人だろうが分け隔てなく、同じトーンで接することができる人。同じ日本人相手でも、営業の人だろうが、生産現場の人だろうが、基礎研究をやっている人だろうが、相手の懐にうまく潜り込んで、コミュニケーションができる人。そういう人は貴重な存在だ。

自分とは違った意見の持ち主に対して、聞く耳を持っている人は、学びも早い。成長も期待できる。

こうした性格は、年齢とは関係ない。ベテランでも謙虚に学び続ける人もいれば、若い人でも凝り固まって新しい知識を入れられない人もいる。

多様な意見を受け入れ、まとめあげる力

オープンマインドな人は、基本的にコミュニケーション能力が高い。

ここで言うコミュニケーション能力は、仲間内のトークがうまいとか、プレゼンテーションをやらせたらすごく上手というのとは違う。

身内にしか通用しないネタではなく、誰にでも理解される普遍的な話ができる人。一方通行のプレゼンではなく、多様な考え方を受け入れながら、双方向に、前向きに議論ができる人。そういう人の評価が高くなるのである。

逆に、同世代には受けが良くても上下関係にあまり強くない人や、相手によって態度をコロコロ変える人は、見ていて限界を感じる。

たとえば、欧米人に対して妙にへりくだる一方、アジア人にはつい威張ってしまうような人がいるが、そういう偏見の持ち主は、外国人と仕事をするときにはまったく評価されない。

議論ができるというのは、最後の結論部分だけを一方的に伝えるのではなく、会議の途中でホワイトボードに書き出しながら、「これはどう思いますか？」と相手の意見を引き出したり、それによって自分の意見を修正したりしながら、結論をまとめあげる能力を意味している。

知らないことは「知らない」と素直に言えて、わからないから「教えてほしい」という姿勢を普通に示せば、相手も議論に乗ってくる。これはある意味で、自分の思考回路をさらけ出すことにもなるので、自分に自信がないとなかなかできないことだ。それが堂々とできる人は、誰からも評価されるのである。

視野が日本で閉じている人、世界に広がっている人

社内のウワサ話にやたらと詳しい人がいる。

「誰々さんと誰々さんの仲が悪い」とか、「誰々さんは誰々さんの一派だ」とか。M&Aでは買収先の社内情報が重要なので、我々が面談するときには、あえて意識してそういう話を振るのだが、それにしても、そういう内輪ネタしか話せない人がいるのである。

人材デューデリジェンスをしている側とすれば、そういう人は貴重な情報源である一方、評価の点数としては低くならざるを得ない。視野が会社の中で閉じていて、外の世界に向かっていかないからだ。要するに、「いいお客さん」である。

視野の広さという意味では、自分のビジネスを語るときに、競合や取引先、関係者を含めて、話が日本で閉じている人というのも、これからの時代は評価されなくなってくるだろう。

原材料の仕入れ先、部品の供給元、製造工程、販売先、すべてのプロセスが国内だけで閉じている産業は、もはやほとんどないはずだ。

地球全体を網の目のように結んだつながりの中で、自社の立ち位置が把握できているかどうか。自分たちの置かれた状況をどれだけ高いところから見ているかどうか。グローバルな視点でモノを考えられる人は評価が高い。

IGPI流チェックポイント12

誰とでも話ができる人、聞く耳を持っている人、学ぶ姿勢を持っている人は評価が高い。自分の意見を曲げない人、視野が狭い人、偏見の持ち主は評価されない。

第4章

プロフェッショナルスキルの磨き方

13 ユニバーサルでポータブルなスキルとは何か

どこへでも持っていける汎用的スキル

ビジネスパーソンに求められるスキルとは何だろうか。ここでは仕事で役に立つスキルを5つに分解して考えてみる。

まずは、①財務・会計・法務などの知識、論理的思考力、語学力、コミュニケーション能力、リーダーシップなどの「基礎的能力」がすべての土台となる。その上に、②「業界の知見」や「専門能力」が乗ることで、自分の専門分野が決まる。さらに、③「社外人脈」が広い人ほど、仕事の幅が広がるだろう。

また、会社にいる限り、④「社内向け業務知識」は不可欠だ。そして、⑤「会社のカンバン」（ブランド）があるから、信用力も増して自分ひとりではできない仕事ができるようになる。

一般的な日本企業に勤める人のビジネススキルを棚卸しすると、④「社内向け業務知識」の比重が高い人が多いはずだ。会社に過剰適応している人は、④の比重が極端に高くなっている。その結果、社内調整や根回しなどの内向きの論理で仕事の大半が埋まってしまう。

また、大企業に勤めている人ほど、⑤「会社のカンバン」のおかげで仕事ができている可能性がある。

だが、この④と⑤のスキルは、現在勤めている会社を離れた瞬間、価値がなくなる。別の会社に転職したり、独立したりすると、持っていけないスキルである。

一方、①、②、③は、現在勤めている会社とは関係なく、我々一人ひとりに関連したスキルである。だから、どこへでも持ち運びができるし（ポータブル）、会社を辞めたからといって、消えてしまうこともない。

また、持ち運びができるだけに、①、②、③のスキルには汎用性があり（ユニバーサル）、どこへ行っても通用する。その結果、たとえば専門性の高いエンジニアや、金融業界のトレーダー、M&Aバンカーなどは、転職しても会社を移ったその日から仕事を始めることができる。

仕事の大半が会社に固有の業務ではなく、業界内で共通した汎用スキルに基づくものだからこそ、エンジニアリング業界や金融業界は、もともと人材流動性が高いのだ。

そうした業界に属していなかったとしても、いつM&Aが起きるかわからない時代だからこそ、我々個人は、①、②、③のスキルをできるだけ高めておく必要があるのだ。

ホワイトカラー受難の時代

文系ホワイトカラーの受難が続いている。

不調のエレクトロニクス産業を中心に、「本社の人員を何割カットして本社機能をスリム化する」といった報道が続いている。

「2割、3割削れる」ということは、その人たちは今まで何をしていたのか。実は、最初から必要なかったのではないか、という疑念が残る。

リストラされるような人々の主なスキルは、④「社内向け業務知識」である。そもそも社内向けだから、このスキルをいくら高めても利益は出ない。代金を支払ってくれるお客さんがいないから当然だ。

では、彼らは何をしていたのか。

ここで、社内稟議や意思決定プロセスにおいて、各社員がどんな役割を果たしているかをチェックしてみよう。意思決定のプロセスは通常、次の3つのタイプの人を経て行われる。

①起案する人、②価値を付加する人、③承認する人。調べてみると、最初にアイデアを出す①の人はごくわずかで、その案に何らかの価値を加える②の人も少数派。逆に、出てきた案を承認だけしている③の人（＝何ら価値を加えていない人）がプロセスの各段階に何人も連なっていたりする。

仮に、①が1割、②が2割、残りの7割が③だとすると、③の人を大幅に削ったとしても、実は業務にはほとんど影響が出ないのだ。

それこそ、社内メールの「CC機能」でいっぺんに送れば済むようなところに、何人ものホワイトカラーがぶら下がっている可能性が高い。これがホワイトカラーの危機の正体である。

こうした分析は、M&Aにおいて、買収先の余剰人員を把握するときに利用できる。そして、そういう視点でこの分析を行うと、削れるのはたいてい本社の事務職。つまり文系ホワイトカラーに余剰人員が多いことがわかるのだ。専門領域を持つエンジニアや、高度な知識を要する専門職はこの限りではない。

柱を2本用意する

では、文系ホワイトカラーがこれからの時代を生き残るには、どんなことを意識しておけばよいのか。

まず、同じ事務系の仕事でも、財務、経理、法務、広報、人事のように、どの会社でも必要なコーポレート業務については、そこでのスキルが十分に高ければ、そのスキルを持って他社に転職することもできるだろう。

ただし、こうした本社機能の中でもコモディティ化した部分はアウトソーシングの対象になりがちなので、現在勤めている会社に残れるかどうかは、わからない。

一方で、自分の仕事が自社の商品やサービスに関連している場合は、その業界自体がこれから先伸びるのか、シュリンクするのかを見極める必要がある。

たとえば、オリンパスにしても、シェア世界トップの内視鏡など、医療機器部門については引く手あまたで、たとえオリンパスという会社がどこかの傘下に入ることがあっても、そこに従事している人たちは安泰だ。

ところが、いくら自分がガソリンエンジンに詳しいといっても、電気自動車が普及して、エンジンよりモーターが主流になってしまえば、その分野で仕事を続けるのは厳しいだろう。だから、自分が汎用的なスキルセットも持たず、自分がやっている業務もこの先短そう、ということになると、かなり真剣に自分のキャリアについて考える必要がある。

その場合、汎用スキルにプラスして、何らかの事業スキルがあると武器になるし、リスクヘッジにもなるだろう。

たとえば、「法務や契約業務に明るい営業マン」とか、「エンジニア出身の財務マン」、「英語がペラペラの法務マン」といった人なら、おそらくどんな局面でも乗り切れるだろう。

要するに、柱を2本用意することである。

だから、今まで営業をやっていた人が、いきなり財務に行けと言われたら、嫌がるのではなく、むしろチャンスだと思えばいいのである。会社の命令でイヤイヤやるのではなく、「せっかくだから、財務を極めてやる」というくらいの気持ちで取り組めば、使える柱が2本になる。それが後々、自分の身を守ってくれる。

逆もまたしかり。財務をやっていた人が営業に行けば、自分を支える柱が2本になる。

「自分の仕事を自分で選べないなんて会社の歯車みたいだ」と腐るのではなく、むしろ「営業でナンバーワンの実績をつくってやる」という意気込みで取り組めば、歯車どころか、自分の足で立てるようになる。

会社が自分に何かをしてくれると期待している人はダメで、会社を利用して自分を成長させようという人は、これからの時代もたくましく生き残っていけるだろう。

IGPI流チェックポイント13

意思決定のプロセスに貢献していないホワイトカラーは生き残れない。積極的に違う仕事に手を出して、２本の柱で自分の身を守れ。

14 英語力を高める

TOEICだけでは、使える英語は身につかない

現代のビジネスパーソンにとって、英語はマストアイテムだ。外資系企業はもとより、今は日本企業でも、楽天のように英語を社内公用語にする会社が出てきている。それだけではない。市場で存在感を増す中国語のニーズも高まる一方だ。

外国人と仕事をするとき、英語が話せなければ仕事にならない。英語圏の人はもとより、アジア人同士でも、英語は企業間コミュニケーションのスタンダードとなっている。だから英語は必須なのだが、英語圏での生活の経験がある人は別として、英語力の向上は、今も昔もビジネスパーソンの大きな悩みの種である。

ビジネス英語というと、すぐに浮かぶのがＴＯＥＩＣだ。実際、ＴＯＥＩＣで７００点以上とならなければ昇任試験にパスできないという制度を取り入れている会社も少なくな

い。だが、それだけで、実際のビジネスの現場で使える英語力が身につくわけではない。

簡単な業務連絡くらいはできるようになるかもしれないが、外国人上司と1対1で交渉ができるか、会議で発言を求められたときに即座に反応できるかというと、はなはだ心もとない。社外の取引先との複雑な交渉はまず無理だ。

むしろ、TOEICをビジネス英語の入り口にしてしまうと、自分の業務とはあまり関係ないフレーズをムダに暗記することになって非効率的なのだ。

TOEICの問題点はまだある。実は、TOEICのようなペーパーテストを社員に課すと、ヒマな人ほど点数が伸びるという逆転現象が起きてしまう。

たとえば、金融機関で実績を出しているバリバリの営業担当者は外回りで忙しく、語学を学ぶまとまった時間がとれない。だから、仕事ができる人ほどTOEICの点数が伸びなかったりする。

一方、バックオフィスで毎日決まった仕事をしている人が、余った時間で語学学校に通い、TOEIC対策をバッチリこなして、どんどん高得点をとっていく。

もともと暗記を中心としたテストだから、やればやっただけ結果は出る。交渉力やセールストーク、商談をクロージングまで持っていくテクニックなど、ビジネス上の能力とは別のところで、個人の評価が決まってきてしまう。

第一線で働いていない人ほど、社内留学制度の試験に受かってしまう。昇任試験をパスしてしまう。そうなると、組織のバランスとしても非常に良くないことが起きる。

「英語を身につける＝語学学校」ではない

仕事で英語が必要だからと、すぐに英会話学校に行く人がいるが、これも、かえって遠回りになってしまうことが少なくない。

ネイティブ並みの英語力を１００とすると、社内で日常的に必要な英語力というのは、おそらく20にも満たない。10とか15とか、きわめて狭い範囲の英語だけで事足りる。

だから、少なくとも、短期間で仕事に必要な英語力を身につけたいときには、その部分を集中的に身につけたほうがいい。

ところが、ふつうの語学学校に通うと、別の部分の英語を一から学ぶことになる。たとえば旅行や趣味の英語から入ってしまうと、必要な単語がほとんど重ならないため、仕事で必要な英語力の向上にはほとんど影響しない。

「ビジネス英会話講座」をとっているといっても、自分の業界、自分の業務内容と違えば、当然、必要な単語も違ってくる。遠回りという意味ではどっちもどっちなのである。

では、どうしたらそういうムダを省けるのか。

ふだん仕事で使っているフレーズを英語の定型文に直して、それを覚えればいいのである。これがいちばん手っ取り早く、かつ実践的な方法だ。

日常業務で使っているフレーズを英語に翻訳する

まず、自分が1日のうちに使った言葉、メールでやりとりした言葉をすべてリストアップする。もちろん日本語でOKだ。これをたとえば1週間分溜めていくと、本当によく使うフレーズというのは、実は100もいかないことがわかるだろう。

そのコアなフレーズを全部英語に翻訳する。すべて自力でやるのが難しければ、英語が得意な人に手伝ってもらうといい。あるいは、職場で何人かでチームを組み、よく使う英文フレーズをマニュアル化して、全員で共有してもいいだろう。

最初は50フレーズくらいから始めて、100フレーズ、200フレーズ、300フレーズ……と定型文を徐々に増やしていく。この定型文づくりだけで社内で日常的に使う英語くらいは何とかなるはずだ。

セールス部門やお客様相談窓口、コールセンターなど、すでに日本語の定型文がマニュアル化されているような部署であれば、その定型文をすべて英語に翻訳して、それを暗記するか、すぐに見ることができるようにしておけばいい。

定型文を部署内の人々で共有しているときは、それを何個覚えたかをテストしたほうが早い。試験のための丸暗記になりがちなTOEIC対策よりも、業務に直結しているだけに、現場で働いている人たちの覚えもいいはずだ。

マーケティング担当ならマーケティング用語を、エンジニアならその分野の専門用語を英語でやりとりする必要がある。人事、広報、経理、総務、それぞれよく使う単語は違うはずだ。

だからこそ、自分たちがふだん使っているフレーズから入るのがムダがない。ちなみに、専門性が高く数字で会話できるエンジニアであれば、実はそれほど語学の壁を感じないというのは、よく聞く話である。

知っている分野だけに覚えも早い。その英語を使うシーンがリアルに想像できるから勉強にも身が入る。今日覚えて明日使える。そういう英語から入るべきだ。

話すより先に英文メールから

いきなり話すのは難しいということであれば、まず英文メールから始めるという手もある。会って話すと、その場で言葉をキャッチボールできなければ会話が成り立たないが、メールなら受け取った後、落ち着いて読むことができるし、文面を考えることもできる。また、メールだと記録も残るし、この件については確認済みという証拠にもなる。

社内連絡などで使うメール表現はさらに限られているはずだから、英語のメール定型文をたくさんつくって用意しておく。書籍やネット上の英文メールの事例集などを参考に、必要な部分に自分なりに手を入れておけば、即使えるフレーズ集のできあがりだ。

集めたフレーズをエクセルなどでストックしておけば、コピー&ペーストしてすぐに返信できる。時間短縮にもなるので、ぜひ試してみてほしい。

電話で話して向こうが早口すぎて何を言っているかよく聞き取れないというときも、とりあえず、「eメールで送ります」という英語だけ覚えておけば、あとでじっくり時間をかけて英文メールを書けばいい。

そもそもなぜ英語が必要かといえば、まずは意思疎通を図るためで、きちんと伝わりさえすれば、とりあえず書き言葉でも話し言葉でも良しとすべきである。

ビジネス英語における最終目標は、英語で交渉して相手に自分のやってほしいことを呑ませることだと思うが、そこまでいくにはしばらく時間がかかる。交渉ごとには定型文だけでは対応できないからだ。その場の雰囲気や会話の流れに応じたアドリブが必要になってくる。

一方、使える定型文が増えていけば、だんだん自分の言葉で話ができる場面も増えていく、これが語学ができるようになるということである。

取引先との面と向かった交渉はなかなか難しいけれども、その手前の社内のやりとりくらいまでは、定型文の丸暗記で十分対応できる。だから、自分の業務に即して英語のフレーズをまとめることがスタートになる。

フレーズ集を滞りなく発音できるように音読練習

次の段階では、その定型文を口に出せるようにする。つまり音読による暗記である。会議で凝った英語を話す必要はない。つっかえることなく、スラスラ話せるフレーズを増やすことが優先だ。

発音はできるに越したことはないが、カタカナ英語でも、黙っているよりはずっとマシ。沈黙に意味はなく、継続的な議論への参加こそが意味を持つ。こういう場面はこのフレーズ、というのを特に意識しなくても自然に出てくるようになるまで、繰り返し練習する。

インターネットにあるネイティブの発音など、今では英会話の教材は無料でいくらでも手に入る。それを聞きながら自分でもきちんと口に出して練習するとさらに効果的だ。

音読のトレーニングは、空き時間を見つけて地道に取り組むしかない。語学というのは「花粉症」のようなもので、ある一定の量を超えないと芽が出ない。それまではずっと低空飛行で、身についているのだか身についていないのだかわからない期間が続くのだが、あるとき突然、視界がパッと開ける瞬間がくる。

ビジネス英語に限って言えば、自分が使いたいレベルの6、7割くらいまでは、日々の努力を怠らなければ、わりとすんなりいくはずだ。定型文の組み合わせだけで、それくらいのレベルに達することができる。

だが、そこからの3割を伸ばすのが、実は非常に難しい。最後の2割は費用対効果が悪すぎて、身につかなくてもしかたないと思うくらいである。

自分で話せる言葉は聞き取れるから、音読練習を重ねれば、ある程度リスニング力も高まってくる。ただ、それ以上に耳を鍛えたいなら、ここから先は量がモノを言う世界なので、インターネットなどで良質なコンテンツを探して、それを毎日の通勤電車の中で聞きまくる。

ただ聞くだけよりも、できれば文字（英語）があるほうが学習効果は高いので、ポッドキャストなどでビジネス英会話教材を手に入れ、それを繰り返し聞くといいだろう。このときに重要なのは、自分の好きな分野や土地勘のある分野の教材を手に入れることである。スティーブ・ジョブズを筆頭に、プレゼンテーションの上手なビジネスパーソンのスピーチを繰り返し聞くという手もある。

有名なスピーチなら、スピーチの原文も日本語に訳された文も、ネットで検索すればいくらでも見つかる。動画コンテンツでは、話題のＴＥＤ（http://www.ted.com/）で良質なプレゼンテーションがたくさん見られる。これを空いた時間にスマートフォンで視聴すると効果的だ。

リスニングを練習するときは、最初は文字を隠して聞いてみる。次に、聞き取れなかった単語を文字と照らし合わせて「答え合わせ」をする。聞き取れなかった単語を毎回文字で確認することで、聞き取れる単語がだんだん増えていく。

量をこなさなければ英語は身につかない

語学というのは、実は、単純作業の積み重ねでたいていの人はマスターできる。身につかないとしたら、単純に「量」が足りないか、あちこち手を伸ばしすぎているか、である。

新しい教材が出るたびに、あれもこれもと手を出す人は、うまくいかない。同じものを何度も繰り返し聞いて完全に暗記してしまう。それができれば、いつのまにか話せるようになっているものだ。

ネイティブでない我々日本人が、母国語以外の言葉をビジネスで使うには割り切りが重要だ。発音も文法も完璧にできなくて当たり前。だが、「量」だけはこなさなければ、英語はモノにできない。

ここ数年は、日本人の欧米への留学生が減少し、代わって中国やインドからの若い留学生が増えているという。非英語圏の中国人留学生は、本を丸一冊覚えるといった学習をしている人も多い。日本人でも、本当に英語ができる人間は多読である。

日本人は英語の読み書きはできるが話せない、とよく言われるが、本当に英語を多読している人は、たいてい話せるものである。英文をスラスラ書ける人も、やはり多読であることが多い。目で見、耳で聞く英語の量が多ければ、それだけ英語でのアウトプットも充実する。

多忙なビジネスパーソンなら、定期的に読む題材を決めてしまったほうが長続きするかもしれない。インターネットで無料のコンテンツを読むのもいいが、あえてお金を払って『エコノミスト』や『ビジネスウィーク』を購読し、読まないともったいないと、自分を追い込むのもいいだろう。

難しいのはパーティーの会話

ビジネスで使う英語というのは、実は非常に単純でわかりやすい。英語はビジネス世界の共通語で、必ずしも英語ネイティブの人だけが使うわけではないので、あまり複雑にすると理解できない人が増えてしまうからだ。

英語圏のアメリカ人やオーストラリア人、インド人、フィリピン人が相手でも、非英語圏の中国人や韓国人、インドネシア人、ドイツ人が相手でも、全部英語でコミュニケーションをとる必要があるということは、それぞれの国のローカルなルールを持ち込んでも通じないということだ。

異なる文化背景を持った人同士が、英語を通じて意思疎通を図るためには、できるだけ余計な装飾を取り除いて、シンプルな言葉で普遍的な内容をやりとりしたほうがいい。

だから、海外で働いたり研究をしたりしているエンジニアや、医者のように高度に専門的な内容に携わる日本人は、多少英語がつたなくても、仕事に影響はあまりないという。会話の目的がはっきりしているから、言っていることがお互いに理解しやすいのだろう。

一方、よほど英語ができる人でも、海外でパーティーに参加すると、会話に苦労するという。

実際、日本人でMBA留学をする人の多くが、授業やビジネスケースに関するディスカッションよりも、友人との日常会話やパーティーでの会話を難しいと感じている。

米国で何年も暮らしたような英語ペラペラの帰国子女でも、完全には理解できないことがあるのは、要するに、同じ時代の空気や文化を経験していないからだ。

文化的な背景が同じ人が集まれば、会話は固有名詞のオンパレードになる。たとえば、10年前に流行った映画やハリウッドスターの話をされても、知らない人はまったく知らない。もっとクローズドな関係なら、高校時代の同級生の誰々さんの話題で盛り上がるかもしれない。そんな話は、わからないのが当然なのだ。

それは日本人でもまったく同じ。同じ県の出身者が集まれば故郷の話に花が咲くだろうし、鉄道好きが集まれば鉄道の話だけで何時間でも話ができるだろう。それはもはや語学力の話ではなくて、相手の文化を学ぶしかない。

より相手の懐に入り込みたければ、相手の文化について理解を深めることは間違いではない。だが、世界各国から多様な人材が集まるような「クロスボーダーな会社」をＭ＆Ａで買ったときに、どこまで掘り下げて文化を学ぶ必要があるか、考える必要がある。

定型文の次は相手の文化の理解へ進む

こちらがどういう対応をしたらいいかというのは、相手の国によっても違う。

たとえば、中国人というのは非常にドライで、感情に訴えかけてもほとんど通じない。「今回はこの給料で我慢してくれ。でも、君の実力はわかっているから」といった日本人同士ならホロリと来そうな話もまるで効かない。月単位、日単位で「で、結局いくらもらえるの？」ですべてが決まる。飲みニケーションもパーティーも必要ない。完全にお金で割り切った関係だ。

それが大陸ヨーロッパの人が相手だと、時間をかけてディナーを楽しみ、いろいろなことを話し合って理解を深めるというプロセスが大事になる。

M&Aのディール（取引）で相手国を訪問し、昼間はガンガン交渉したとしても、夜はアンオフィシャルというか、カジュアルにご飯食べましょうという話になって、そこで酒を酌み交わして初めて本音が出てくる、といったことも実際にある。

そこはもうケース・バイ・ケースで、何が正しいということはない。日本人の外国に対する理解は、えてして非常にステレオタイプな偏見に基づいているので、できるだけ先入観を持たずに、相手の文化を理解する姿勢が必要だ。

たとえば、日本人からすると、アフリカははるか遠くの異国の地だ。ところが、ヨーロッパ人にとっては、アフリカは地中海をはさんですぐ対岸という距離だ。

アフリカ人はどんどん移民で入ってくるし、ヨーロッパのお金持ちはアフリカのリゾートによく遊びに行く。もちろん、かつての植民地と宗主国という関係でもある。そういう感覚だから、ヨーロッパとアフリカの近さは、日本人の想像を超えたものがある。

語学で定型文を組み合わせて使う段階を超えたら、次は、先入観を持たずに、相手の文化を理解する。そこまでいくと、少なくとも、仕事上で英語を使うことに苦労することはなくなるはずだ。

IGPI流チェックポイント14

語学習得は「量」が命。定型文をたくさん暗記し、組み合わせる。同じ音源を繰り返し聞き、大量の英文を読みこなす。

15 経験値を高める

転職も出向も経験になる

もし小さな会社だったとしても、経営トップの経験がある人は評価されやすいという話を第3章でした。

経営者まではいかなくても、転職や出向、転籍によって違う組織を経験すると、さまざまなノウハウが蓄積される。一度でも違う会社を経験した人は、今所属している会社を客観的に見られるようになるから、会社との微妙な距離感をつかむのがうまくなる。

新しい組織に入ったときにうまくそこに溶け込めるか、というのも重要な資質だ。引っ越してきたばかりの転校生で、いきなりリーダーになる人もいる。

わが社のあるパートナーの例で言えば、彼は最初、日本の銀行に入って日本の大企業のいい面、悪い面を見た。その後、米国の投資銀行に行った。典型的なウォールストリートのマネー、マネー、マネーの世界。次に、産業再生機構という政府系の組織へ入って、役人の仕事ぶりも知った。そして、ＩＧＰＩの立ち上げから参画した。今度はベンチャーからの組織立ち上げである。

日本の大企業と、米国の金融機関、政府系、ベンチャーというのは、それぞれ違う価値観を持ち、違う意思決定メカニズムを持っていた。それらを経験したことで、その後、さまざまなＭ＆Ａやアライアンスのプロジェクトを担当したときも、それぞれ違う文化の組織をどうやって束ねるかという面では、非常に鍛えられたと感じているという。

平たく言えば、日本企業の意思決定の価値基準と外資系の意思決定の価値基準はまったく違う。だが、誰かが間に入って取りまとめないと、Ｍ＆Ａは成り立たないし、アライアンスも成り立たない。

同じことは、政府系と民間企業のときも当てはまるし、大企業とベンチャーの間でも同じことが言える。さまざまな文化を経験した彼は、その取りまとめ役ができ、そこが強みとなっているのだ。

双方の相容れない部分を理解しつつ、交渉の中で共通項を見出していく。こうしたノウハウは、やはり実際に経験してみないとなかなか身につかない。だから、逆に言えば、若いうちに経験できるなら、積極的にチャレンジしたほうがいい。

今まで自分が生きてきた会社から異なる会社に移ることによって、先に述べた財務・会計・法務といった汎用的なスキル以外のリアルな障壁にチャレンジする必要も出てくる。それはひとつひとつの会社に固有な「暗黙知」の存在である。転校生のように異なった文化に遭遇した際には、その場所で何が「暗黙知」となっており、何が「形式知」となっているかを、察知するセンスが要求されるのである。

何もその会社の意思決定における「お作法」に染まれと言っているわけではない。転校生が新しい場所で価値を出すためには、社内の慣習など「暗黙知」の存在を理解したうえで、現実的なアクションをとっていくべきだろう。

新しい場所で自分が活躍できないのは社内の慣習がおかしいからだ、と不平を言うのではなく、社内の暗黙知さえも理解しながら乗り越えるべきである。そして、もう一段上を望むなら、飛び込んだ先の社内の暗黙知を形式知化する働きかけを、周りにも行っていくべきであろう。そうした経験は代え難いものとなる。

かつては、大企業で子会社に出向したりするのは、あまり良くないイメージを持つ人もいた。だが、そこで違う組織を経験しておくと、本社に帰ってきたときも、必ずその人の力となる。

特に、子会社のマネジメント職を経験すると、得られるスキルの幅が圧倒的に違うのだ。そういうチャンスがあれば、手を挙げてでも経験することを勧めたい。

組織の中心から外れたところで力を蓄える

自分の組織をいったん離れてみるというのも、組織を立体的に把握するのに役に立つ。子会社の視点から親会社を眺めれば、モノの流れ、おカネの流れ、ヒトの流れが別角度から見えるので、それまでとは別の風景が広がってくるはずだ。そういう視点を持つだけでも財産になる。

ただそこで、このようなチャンスに気がつかない人がいるのはもったいない。せっかくいろいろな経験を積めるのに、親会社の担当窓口部署や人事部のほうばかりを見て仕事をする人は、貴重な経験を生かせない。外の空気を吸って異文化と触れ合ういい機会なのに、少しでも早く親会社に帰ることしか考えていない、というのでは、何のために外に出たのかわからない。

むしろ、そこでしっかり仕事と向き合い、現場の利益のために全力を尽くす。そのほうが逆に自らの財産になることが多い。Ｍ＆Ａで会社が外部から買われるようなことになっても、そんな経験が評価されるはずだ。

行き先は日本国内の子会社、関連会社でも、もちろんかまわない。ただ、海外の子会社、関連会社、駐在員事務所に行く機会があるなら、それをどんどん利用するのがいい。語学にしても、外国人との接し方にしても、実際に経験して身につけるのがいちばんいいからだ。

前にも述べたが、Ｍ＆Ａにおいて「買う立場」で人材デューデリジェンスにいく場合、会社の保守本流と目される企画セクションや、人事セクションにいる人は、社内の情報を知っているという意味では価値がある。だが、それ以上の価値はない。買った側からすると使い捨て。従来の組織にどっぷりハマっている分、新しい体制に馴染みにくいからだ。

それよりも、本当にガチンコ勝負ができる人間は、本社から離れたところにいるケースが多い。子会社の社長とか、海外事業所の所長とか、どちらかというと、それまでつらい役をさせられていたような人の中に、将来のリーダーがいたりする。だから、そこは当然、意識して見にいく。

ＩＧＰＩが最近関わったＯｕｔ－ＩｎのＭ＆Ａでもこのようなケースがあった。アジア企業が日本の老舗産業機械メーカーを買収し、買収後の社長をどうするか。現職の社長は高齢で経営変革を委ねることは難しい。同社の社内の序列に基づけば、経営戦略担当の常務または営業担当の専務をトップに就けるということになる。

しかし人材デューデリジェンスの結果、アジア企業が選択した次期社長は、韓国子会社のトップであった。社内的には部長格である。韓国法人を立ち上げた実績もあるが、それ以上に評価されたのは、前任地である米国市場からの撤退を経営陣に提言し、米国法人を清算した経験だった。組織の中心から離れた場所にいながらも、自らの仕事としっかり向き合ったことが評価されたのである。

評価基準が変わる

Ｍ＆Ａがこれだけ活発になってくると、従来の会社の中での評価とは違った評価基準が出てくる。

日本企業の置かれた状況が変わり、組織自体が大きく変わってきているのだから、評価基準が変わるのも時間の問題だと思う。

わかりやすいのは、東京電力のような伝統的な大企業だ。東電で今までいちばん価値があったのは、経済産業省と強力なパイプを持っている人たちだったが、その地位はもはや崩壊した。かつてのメガバンクでは、ＭＯＦ担（大蔵省担当）が大きな役割を果たしていたが、今は見る影もない。

だが、メガバンクの人事評価には、まだ変化の兆しは表れていない。たとえば、海外の拠点で本当に稼いできた人、国際金融の世界で実力を認められているようなバンカーと、ずっと東京の本社にいて、金融庁とも接点があって、企画セクションを歩み続けてきた人では、どちらが頭取に近いかといえば、まだ本社のほうが強い気がする。

なにしろ、メガバンクの本社に行くと、いまだにエレベーターに英語表示がまったくなかったりするのだ。とはいえ、そろそろ変わらざるを得ないだろう。日本語が不自由であったとしても、優秀な外国人を処遇しないとグローバル市場で戦っていけないことは明らかである。

会社の本流から離れたところにいて、もし仮にその会社で評価されなかったとしたら、会社を辞めて外に出ていけばいいのだ。その力は十分ついているわけだし、会社の外で実績を重ねている人はマーケットが評価してくれるから、転職するのは難しくない。

優秀な人材が出ていったり、会社や事業そのものが売買の対象になれば、組織は変わらざるを得ない。だが、日産自動車のカルロス・ゴーン社長のような人がトップになってガラリと変えない限り、自助努力だけではなかなか変わらないのが日本企業なのだ。

リスクをとって組織のあり方を変えられる経営者は、ファースト・リテイリングの柳井正さん、楽天の三木谷浩史さん、ソフトバンクの孫正義さんなど、限られている。ただ、彼らはオーナーでもあるので、強力なリーダーシップを発揮しやすいとも言える。だから、オーナーではない経営者がどれだけ組織を変えられるか。組織変革の大号令をかけられる人がどれくらい出てくるか。それが各日本企業の命運を左右するのである。

市場の変化に対応できるか

一方、市場のほうは待ってくれない。

米国に次ぐ巨大市場である中国市場で勝つためには、日本企業は、優秀な中国人を現地法人のトップに据えなければいけない。その中国人は、英語と中国語しかできない可能性も増えてくる。その場合、日本の取締役会の面々は彼と英語で議論しなければいけない。

さらに、優秀な中国人をトップに据えるには、既存の報酬体系も変えなければいけない。いちばんの成長市場を任された中国人が、その実績を引っ提げて、本社の取締役として乗り込んでくる日は遠くない。

そういう変化に、会社として対応できるかどうか。伝統的な大企業は、あと5年では厳しいかもしれない。だが、10年かけていては遅すぎるかもしれないのだ。

たとえば、メガバンクでは、今でもニューヨークとロンドンの支店長をやった人が本社に帰ってきて副頭取、専務、国際部署の担当のリーダーになる。でも、これからは上海、香港、シンガポールといった拠点長をやった人がトップになる時代がくる。

社内のエース級をアジアを中心とする新興国に派遣する。社内での評価をニューヨーク、ロンドンよりも上に持っていけるかどうか。ここが当面の試金石になるかもしれない。

総合商社は徐々にそういう体制に移り変わりつつある。メーカーや金融機関がそこまでいくのにあと何年かかるか。残された時間はそれほど長くはないはずだ。

海外へ行くチャンスがあれば手に入れろ

日本企業でも海外展開に強い会社はある。たとえば、日揮、千代田化工建設などのエンジニアリング会社だ。海外、特に新興国の現場にどんどん若い人たちを出して経験を積ませている。それが財産だとわかっているから、新入社員でも、すぐに研修目的で海外に送り出す。

中東などでプラントをつくるときは、インド人、アラブ人、アジア人を集めてそれを統括する。若くして多国籍軍のマネジャーをやるわけで、このような経験をした人は本当にたくましい。どの国のどんな人に対しても、物怖じせずに堂々と自分を主張できるようになる。どんな仕事に就いてもやっていける。

ユニクロや楽天なども、外国人を積極的に採用し、社内にあえて波風を起こして、グローバルレベルのたくましい人材を育てようとしている。そういう企業がもっともっと増えなければいけない。

国籍や人種の異なる人の集団をマネージする力というのは、完全にユニバーサルでポータブルな能力だから、国を超え、業界を超えて、どこに行っても通用する。そういう人材が求められているし、実際、育ってきている。

だから、日本人が必ずしもグローバル化に対応できないわけではないのだ。日本国内は日本人だらけで、外国人と机を並べて仕事をする機会がどこにでも転がっているわけではない。ただ単に、そういう経験を積む場が少ないだけなのだ。

であるならば、日本にいるだけではダメで、海外に出ていかなければいけない。同じ出るなら、若いうちに経験したほうが得だ。だから、若い人はそういうチャンスがあれば貪欲に手にしてほしい。海外で苦労したその経験は、きっとあなたを裏切らないであろう。

人材流動化時代の会社のあり方

会社と個人の関係で、これまでは会社が個人の人生を丸ごと包み込んでいたが、今はより対等な関係になっていて、会社の魅力が薄れたら、個人は外に出る時代だ。

これまで以上に人の出入りが増えるのは間違いない。個人単位でも、事業部単位でも。

そうなると、一度外に出た人をふたたび受け入れるような度量のある組織をつくることも重要になってくる。

かつては、いったん会社を途中で辞めた人間のことは知らんぷり。OB会があっても呼ばれなかったりしたものだが、最近はさすがにそこまで露骨に排除はしない。ときには旧交を温めようという会があったりする。

一度外の空気を吸った人間がふたたび還流する流れができれば、組織としても強くなる。戻ってきてもらうためには魅力を高めなければいけないし、別の会社を知り、自分の立ち位置を客観的に見られる人材が増えれば、会社をより良くするための提案も増えるだろう。このような出戻り人材は、ＯＢ会に呼ばれなくなるといったシガラミを一度断ち切っているので、より客観的な提言が可能である。人材市場の流動化は避けられないのだから、その流れをうまく取り込む必要があるのである。

IGPI流チェックポイント15

子会社を経営するのも、海外に行くのも、経験値を高める絶好のチャンス。いわゆる出世コースとは別のところにチャンスが転がっているかもしれない。

16 M&Aは人材育成の最高の舞台

ビジネスの総合格闘技

M&Aで海外の会社を買いにいく。買う側の担当者として一度でもM&Aの現場を踏むと、その経験は何物にも代え難い強烈な武器になる。

M&Aに必要なスキルは非常に多岐にわたる。

まず、相手国の経済・社会情勢を詳しく知る必要があり、さらに業界におけるその会社の立ち位置を的確に分析する情報収集力と分析力が求められる。

続いて、M&Aのアドバイザーである外部のプロフェッショナルや関係各所と連携して事に当たるためのネットワーク力や、コミュニケーション力も重要だ。そして、デューデリジェンスにおいては事業、財務、法務の知識が不可欠で、円滑なコミュニケーションを図るための語学力、有用な人材を見抜くための洞察力をも求められるのである。

最終的に、その会社の企業価値を適正に評価し（バリュエーション）、実際に買収を進めるための交渉力も必要となる。

M&Aのコントロールタワーを担う人は、これらの非常に多岐にわたる業務を短期間で、集中的にこなしていく。たとえて言えば、ビジネスの総合格闘技に取り組むようなものである。これで力がつかないわけがない。

M&Aの知識が昇進の条件に

「M&Aの経験は買ってでもしろ」というのは冗談でも何でもない。もしM&Aを担当するチャンスがあるなら、ぜひ手を挙げるべきだし、「買収後の統合を任せるから、海外子会社を見てこい」と言われたら、どんどん行くべきだと思う。

それを経験することで、あなたは、たとえ将来、自社が買収されるようなことがあったとしても、有用な人物として評価されるし、十分生き残っていけるだろう。

ある総合商社では、社内の昇進の条件として、M&Aの知識、実行能力を打ち出している。

実力がある人ほど、海外を含めた子会社の社長を経験させて、やがて本社に戻ってきて偉くなるというパターンができつつある。そこには、かつての大企業のような、出世競争に敗れた人が子会社に出向していくという悲哀はない。子会社でマネジメントを経験して本社に戻ってくるというのは、もはやエリートコースの王道になりつつある。

田舎の駅長さんみたいなもので、全部自分でやらなければいけない状況に置かれた人間は強い。小さな会社に出向するなりして、営業から経理から、全部自分で見なければいけないというポジションを一度でも経験した人は、一段階上の視点から会社や経営を見られるようになる。

転職もM&Aも最初の100日が肝心

経営者まではいかなくても、転職や出向でいくつもの会社を経験した人も、社内で純粋培養された人と比べると、圧倒的に視野が広がる。

転職というのは、移ってから3カ月が勝負である。

転職して入ってきた人に対しては、周囲の人たちから「この人は本当に実力があるのか?」という目で見られているものだ。ある程度のポジション、ある程度のサラリーで移ってきた人は、なおさら周囲の期待値が上がっているわけで、その期待値を超えられなければ、「なんだ、たいしたことないじゃないか」と一気に評価が下がってしまう。だから、転職組は最初の3カ月は目一杯頑張らなければならないのだ。そこで、「あいつはできる」という評価が得られれば、その後の仕事はスムーズにいく。

M&A後の100日プランも同じである。買収してこういうビジネスをやろうとたくさん絵を描いていたのに、最初の100日間モタモタしていたら、相手も「なんだ、こんなものか」と思って、当初の緊張感が解けてしまう。スタートダッシュの段階で相手の信任が得られないと、M&Aもうまくいかないのだ。

その意味で、M&Aにおいてもスピードがすべてなのである。短期間に矢継ぎ早に意思決定していかなければ、うまくいくものもうまくいかない。

ところが、日本の大企業の温室育ちの人たちは、みんないい人になりたがるので、意思決定できないケースが多い。その結果、企業再生の局面では、えてして「1000人を救おうとして1万人を殺す」ような愚行が繰り返される。すべて意思決定が遅れて、時間がかかってしまったためなのだ。

意思決定できるかどうかは、最後は覚悟の問題だ。要するに、武士《もののふ》になれるかどうか。

自分さえ悪者になって、ここで1000人をリストラすれば、残り1万人の従業員の職を守ることができるというときに、リーダーが腹を括る覚悟があるか。腹を括れなければ、結局、1万人が路頭に迷うことになる。

どうせ失敗するなら若いうちに

M&Aにしろ、転職にしろ、毎回うまくいくとは限らない。むしろ、1勝3敗、1勝5敗が当たり前と思ってやったほうがいいかもしれない。たいてい失敗するのだ。それでも、それを経験した人としなかった人では、経験値に大きな差が出る。だとしたら、これは「フェイル・ファスト（fail fast）」、できるだけ早く失敗したほうがいい。

なるべく早く、なるべく小さく、なるべく安く間違える。

たとえば、今円高と欧州債務危機の影響で、海外企業が割安だから、日本企業が買いにいく。そのときに、小さいM&Aをたくさん経験している会社と、満を持して、いきなりでかい買い物をしてしまう会社では、経験値の積み上がりがまったく違う。小さいM&Aなら、失敗しても――たいてい失敗する――安く済む。ところが、最初から巨額のM&Aを試みた場合、失敗したときの影響も大きい。

だから、小さい会社から始めて、小さな失敗を積み重ねたほうがいい。

荒っぽい言い方をすれば、小さいM&Aは、日本企業にとっては「人材育成のための勉強代」と割り切ってもいいくらいだ。何回か失敗を繰り返せば、ノウハウも蓄積されて、そのうち小さな成功が手に入る。大型案件に手をつけるのは、それからでも遅くないのである。

IGPI流チェックポイント16

買う側の立場でM&Aを経験すると、一生使える武器となる。小さな失敗を繰り返して、ノウハウを積み重ねろ。

エピローグ

マネジャー職に求められる能力は何か

17 組織と組織のハブになる人材

海外企業を買った後のマネジメントができる人材が足りない

今、クライアント企業からわが社が受ける相談の中で急増しているのが、「海外企業を買収した後のマネジメントを支援してもらえないか」とか、「買収後のマネジメント体制をどう構築したらよいのか」とか、「そういう人を育てるにはどうしたらいいのか」というものだ。M&A実行後の戦略的な企業統治に関する相談で、「戦略的PMI（Post Merger Integration）」と呼ぶものだ。

海外市場に進出する際に、毎回ゼロから自分たちで現地での事業基盤を立ち上げていたら時間がかかる。市場変化のスピードに対応するためにも、M&Aで海外企業を買ったり、ローカル企業とアライアンスを組んだりして市場参入の時間を短縮する。

だが、そうするとマネジメントの難易度が跳ね上がる。買った瞬間から、外国人の集団である組織を、マネジメントしなければならなくなるからだ。

とはいえ、それをしなければ、変化が速かったり参入障壁が高かったりする海外市場では戦えないし、海外で戦えなければ成長がない。ＩＧＰＩのようなコンサルタントに対する、日本企業の現在のいちばんのニーズはそこにある。

ＩＧＰＩが関与した事例のひとつに、中華圏のベンチャー企業を日本の大企業が買収した際の戦略的ＰＭＩがある。

日本企業側は、ベンチャー企業が有する圧倒的なスピードのサービス開発力を取り込みたい。そのためには、中華系のローカルマネジメントチームに対して、一定の経営権限を残し、かつ、ストックオプション等のインセンティブも付与した。一方で、日本企業側のコーポレート・ルールは徹底しないといけない。

この一国二制度型統治を設計し、しっかりと根付かせるにはどうすればよいか。日本企業のルールを相手側に押しつけすぎると、ベンチャー企業が持つスピードが喪失し、買収の意義が損なわれかねないし、一方で、ルールを徹底できずコンプライアンス違反などが起きては問題だ。

適切な経営ガバナンスを執行するにあたって、日本企業側から派遣されるメンバーの役割は重要である。これは、相手企業が先進国の老舗企業であろうが、新興国のベンチャー企業であろうが、マネジメントとして期待される役割は同じである。

ちなみに、この中華圏のベンチャー企業に対する戦略的ＰＭＩは、買収した日本企業から派遣されたいわゆる「外─外人材」が、異文化間の心の壁を崩すのがうまい人であったこともあり、順調にいっているようだ。

このように、会社としてここだけは絶対に譲れないというプラットフォームの部分と、それぞれの国や地域に適合していく部分があり、この両者をつないで、お互いのバランスをとることが求められる。

言い換えると、「郷に入っても郷に従わず」に自己主張するところと、「郷に入ったら郷に従う」ところ。

グローバルで共通するプラットフォームと、地域ごとにカスタマイズされたローカル・ルール。このつなぎの部分をどう切り分けてバランスをとっていくか。非常に高度な舵取りが求められるポジションである。

戦略的PMIはM&Aの成否に直結する

戦略的ＰＭＩに対するニーズが高まっている最大の理由は、それがＭ＆Ａの成否に直結するからだ。多数のＭ＆Ａに関与してきた私たちの経験では、Ｍ＆Ａにおいて実行後の事業価値を決める最大のファクターは買収後の被買収事業のトップである、と言っても過言ではない。

一方で、証券会社等にＭ＆Ａ対象企業の企業価値算定を依頼すると、「財務的観点に基づき」という大前提で算定を行い、フェアネスオピニオンと呼ばれる意見書を出してくれる。戦略シナリオごとの詳細な感度分析も行ってくれる。ただし、残念ながら経営トップの人事に応じた価値評価を証券会社が算定してくれることはない。それだけ価値算定が難しいのである。

詳細な感度分析のために時間とコストを割くのであれば、経営体制の議論をもっと深めるべき、と思うことは数限りない。しかもそれが経営的幻想に帰する可能性が高い「シナジー効果」についてであるとするとなおさらである。これは、前著『ＩＧＰＩ流　経営分析のリアル・ノウハウ』でも言及した通りである。経営体制を固有名詞で議論するほうが、買収後の企業価値を決めるうえではよほど重要な要素なのだが、「経営体制の議論はM＆A取引が終わってから考える」というスタンスの企業も少なくない。しかし取引が終わってから考えるのでは遅い。戦後の統治体制は、戦時中に検討し準備をしておかないと間に合わない。

それでも、M＆A時のPMIを戦略的に行うことの重要性、この点を多くの日本企業が認識しつつある。M＆A取引期間中から実行後の経営体制を具体的に考える。M＆A戦略策定、取引実行、PMIを一気通貫で考えて実行する組織づくりに動き始めている。人材デューデリジェンスにも力を入れ始めている。ただ、PMIをスムーズに実行できる人材は足りない。特に海外でのM＆AにおけるPMIとなるとなおさらである。

会社の外と内をつなぐ結節点

かつては、その役は社長がやっていた。外部との接点は社長だけでよかったのだ。グローバル化がここまで進展していなかった時代は、日本国内で仕事している分には、みんな同じ郷の中だった。

その結果1990年代までは、資本市場のグローバル化に合わせ、会社の顔である社長が海外の投資家との接点を持ち、説明していればよかったのだ。

　ただし、その部分に関しては、アングロサクソンの言葉で説明しなければ通用しない。完璧なゲゼルシャフト（利益集団）で、日本的なあいまいさや情は通じない相手だから、数字とロジックに基づいて説明する責任があった。

　だが、日本国内では、会社の中はゲマインシャフト（共同体）だから、ムラのルールで統治しなければいけない。外の世界とつながっているのは社長だけで、グローバルなルールとムラのルールの間に立って調整するのは、限られた人々だけでよかったのだ。

　ところが、グローバル化の進展とともに、外部との接点になる人のレベルがどんどん下がり、かつ広がってきた。社長だけでなく、少なくとも取締役会、あるいはその下のレベルまで、グローバルな世界と直接接する機会が増えてきた。

　外国人と直接英語でやりとりする必要があるのは、今や部長の下の課長クラスまで下がってきていて、そういう人たちは当然、アングロサクソンの言葉で説明する責任が出てくる。

　逆に言うと、そのレベルまでうまくグローバル対応できた組織が、勝ち組になれる可能性が高いということだ。

ムラにはムラのルールがある。間に立つ人は、そのルールを知らなければいけないが、そこに過剰適合してしまうと、外部との接点として機能しない。同時に、間に立つ人は、グローバルなルールにも通じていなければいけない。それでなければ、外部に対する説明責任を果たせない。

間に立つ人は、両方のルールを理解して、双方に対して適切な言葉で説明できなければいけない。英語や中国語が飛び交うロジカルな世界と、数字よりも情が幅を利かせるムラ社会をつなぐ人。もともと相容れない2つの世界をつないでいるのだから当然、軋轢はある。その違いを飲み込んで、双方が納得できるような解を出せる人が求められているのだが、そういう逸材はなかなかいないのが現実だ。

海外統治がうまくいくかどうかを決めるポジション

2つの世界の結節点になる人の存在は、外国企業が日本企業を買うOUT－IN型の買収でも、日本企業が外国企業を買うIN－OUT型の買収でも、決定的な役割を果たす。この人間が「郷に入っても郷に従わない」ことと、「郷に入ったら郷に従う」ことを整理・徹底する。さもないと結果的に、相互に不信感を抱くことになる。それでは目標を達成することは難しい。

たとえば、日本企業が外国企業を買ったときに、現地のトップは外国人に任せるとしても、日本から誰かがサポート役として現地に送り込まれることになる。

そこで白羽の矢が立つのはおそらく課長クラス。そして、日本国内に残りつつ、現地の外国人トップと直接やりとりするのは、本社の取締役、部長クラス。この2人のポジションが機能するかどうかで、現地法人の統治がうまくいくかが決まる。

ここで役に立つ人材をいかに育てるか。日本企業が直面している喫緊の課題だ。

IGPI流チェックポイント17

これからの中間管理職に求められるのは、会社の外と内をつなぐ結節点。グローバル・ルールとローカル・ルールをつなぐ役目である。

18 本社と現地との間の軋轢を吸収する

中国での販売勝負

M&A後、被買収企業の従業員に従来以上のパフォーマンスを上げてもらうにはどうしたらよいか。買い手企業の経営者にとっては最大の悩みである。パフォーマンス向上にはモチベーションアップが不可欠であるが、これはきわめてローカルな気質と密接に関わっている。

ここで中国における事例をひとつ紹介しよう。

日本有数の消費財メーカーが中国に進出して苦戦している。商品を売る先は量販チェーン、コンビニだけではなく、家族営業のいわゆるパパママショップのようなところもある。そこでの勝負の決め手は何か。商品力では負けていない。ブランドとしても悪くない。だが、販売員のモチベーションが地場競合企業に対して圧倒的に負けている。

販売員がパパママショップに直接売り込むケースもあれば、間に代理店や問屋が複数関与するケースもある。また、顧客ニーズの速い変化に合わせて商流もつねにその進化を求められる。このような市場特性に対応するよう、販売組織をうまく統括できるかどうかが勝負の分かれ目になる。

もちろん、商品自体の魅力や、広告戦略のやり方も重要であることは否定しないが、多くの場合、販売戦略の巧拙が、日本企業の苦戦の原因になっている。中国企業の販売員の統括の仕方が、従来の日本企業のやり方とはかけ離れていて、M&Aやアライアンスをした場合に、両者のすり合わせに苦労しているからだ。

中国人というのは、よく言えば合理的、端的に言うと数字とおカネがすべてである。伸びている中国企業では、末端の販売員から、販売員を統括している販売課長役、その上にいる地域の統括マネジャーまで、いわゆる営業に携わる人は、それぞれ明確な数値目標に縛られていて、ノルマ達成が至上命題になっている。

ひとつは売り上げ、2つ目は利益、3つ目は数字以外の定性面となる。定性面とは、たとえばコンビニの棚にきちんときれいに並べることができたかというクオリティを指す。このように大きく3つの項目があるとすると、それぞれが「5：3：2」のように数字で割合が決められている。
さらに毎月目標額に対して、「あなたは今月これだけ達成した、だからボーナスはいくらである」という計算式がすべて決まっている。要するに、販売員にアメ玉をぶら下げて働かせるのが、中国式のやり方だ。

日本的なルールと中国・米国的なルールの違い

一方、日本企業では、一般に数値目標の割合が低く、どちらかといえば、定性目標を大事にする。先ほどの例で言えば、中国で定量が8、定性が2だとすると、日本はたぶん逆で、定量2：定性8になっている。

日本人同士だと、「君の頑張りは見ているから」とか、「一緒に飲みに行こう」とか、「チームのために頑張ろう」とか、そういう情緒的な部分が重要だったりするのだが、中国人相手だと、そんなことはどうでもいいから、とにかくたくさん売ったらその分おカネが増える仕組みが重要だ。

きっちり数字で評価してくれ、そうでなければ働かない。そういったおカネで割り切った、メンタリティーの人間をマネージすることが、日本企業はあまり得意ではないのである。一方、米国企業はそういう面がもともと得意なので、中国市場にはスムーズに入りやすい傾向がある。

逆に、米国企業が日本市場に入るときに苦労しているのは、やはり文化的な違いが大きい。米国のやり方をそのまま持ってくるだけでは、世界的には通用しても、日本市場ではたいていうまくいかない。ウォルマートを見ればそれがわかる。一方、日本で成功している米国企業は、マクドナルドのように、日本人がトップで、日本人に合わせたやり方を採用している。

だから、金銭的インセンティブ重視のやり方を導入しようとしても、日本の営業マンは必ずしもそれだけで動いてくれるわけではない。日本人の感覚からすると、おカネのためだけに働く人よりも、チームのために頑張れる人のほうがお客さんの受けが良かったりするので、米国や中国のやり方が必ずしもそのまま通用するわけではない。

どちらがいいという問題ではない。ただ、中国市場で勝ちたければ、中国式のやり方に慣れるしかない。そこはローカル・ルールが支配する領域なので、郷に入ったら郷に従うしかないのである。

中国の現地法人だけ日本の組織とはまったく違う報酬体系、人事評価制度をつくる必要がある。中国を含めた海外市場の比率が増加する中で、ローカル・ルールとユニバーサル・ルールの整合性をいかにしてとるか。これで苦労している日本企業が多いのだ。

清濁併せ呑むタイプが求められる

海外子会社を統括する立場の人は、国ごとに違うローカル・ルールと本社のルールの調整弁となる。

そうすると、国によって商習慣が異なるので、たとえば、「現地の販売員がお客さんとのやりとりの中でおカネをばらまく」ということがあるかもしれない。いわゆる「リベート」の慣行がある国では、それをやらなければ、そもそもモノが売れない可能性がある。だが、それをどこまで認めるのか。コンプライアンス上の問題も含めて、間に入る人は、このような問題についても判断しなければいけない。

本社に相談しようにも、「そんなことはわざわざ言ってくるな、お前のリスクで何とかしろ」と言われておしまい、ということも考えられる。

〝清濁併せ呑む〟という言葉があるが、本社とローカル・ルールとの間に立つ人は、そういう能力も求められるのだ。

海外駐在している人にとっては、本社との関係で、どこまで報告を入れるか、自分の権限でどこまでやれるのか、というのはつねに悩みどころだ。日本の会社は責任と権限の範囲があいまいなので、どこまで自分の裁量で決められるのか、判断に迷うことも多いだろう。

その結果、「本社におうかがいを立てている時間がないから」と、自分の責任で実行に移したら、あとで本社から「そんな報告は受けていない」と文句を言われて、全部ひっくり返されるということもあり得る。

だが、あまり細かいルールを決めて、それを杓子定規に運用してしまうと、現地との軋轢をうまく吸収できなくなるおそれがある。また、いったんマニュアル化を始めると、重箱の隅をつつきたがる真面目な日本人が多いので、責任と権限の範囲を定めたジョブ・ディスクリプション（職務記述書）が分厚くなりすぎて、結局、誰も読まないということにもなりかねない。

その意味でも、ある程度〝あそび〟があったほうが、運用上はうまくいく。

親会社を説得する力

同じことは、外国企業が日本企業を買ったときにも起きる。

たとえば米国の本社から、「明日からは、とにかくこの数値目標を達成したかどうかで評価する、ボーナスもそれと連動させる」という指示が来たとして、言われた通りにすべて実行すれば目標が達成できるかといえば、そう簡単にはいかないだろう。

成果連動型の報酬体系にして、手取りが半分になる人と、倍になる人が出るとすれば、半分になる人のモチベーションを維持するのは困難だ。頑張れば給料が倍になるというよりも、むしろ収入が安定していたほうが着実に成果を積み上げる、という人もいる。

数値目標を達成することがいちばんの目的だとすれば、そのやり方は、現場をわかっている人に任せたほうがうまくいく。だから、間に入る人は、米国本社とかけ合って、最適なやり方を認めさせる努力をしなければいけない。そこで相手を説得できなければ、本社の言いなりになって、場合によっては、業績の悪化につながる。

繰り返しになるが、外国人の上司と議論ができるためには、自分たちのムラ社会のルールだけでなく、相手のルールにも通じていないといけない。

「あなたたちはこう言うけれど、自分たちのやり方はこうである。結果を出すには、このやり方のほうが自分たちには合っている」という議論ができるかどうか。

米国に典型的なのは、ＭＢＡで習うようなアングロサクソン的なルールである。一方で、我々日本人は、ゲマインシャフト的なムラ社会のルールに馴染んでいる。その両方を熟知しておかなければ、そもそも建設的な議論にならない。

それぞれのメリット、デメリットを比較しながら、お互いが納得できる着地点を見出していく。議論というのは本来、妥結点を見出すためにするものだ。一方的に相手の言いなりになるのでもなければ、こちらが一方的に自己主張をするわけでもないのである。

ＩＧＰＩ流チェックポイント18

日本の本社と海外子会社の間の調整弁の役割を果たす人は、さまざまな軋轢を飲み込み、清濁併せ呑む度量の大きさが求められる。

冨山和彦（とやま・かずひこ）
経営共創基盤（IGPI）代表取締役CEO／パートナー
1960年生まれ。東京大学法学部卒、スタンフォード大学経営学修士（MBA）、司法試験合格。ボストンコンサルティンググループ、コーポレイトディレクション代表取締役社長、産業再生機構COOを経て、IGPIを設立。主な著書に『挫折力――一流になれる50の思考・行動術』『IGPI流　経営分析のリアル・ノウハウ』『30代が覇権を握る！　日本経済』（以上、PHP研究所）、『結果を出すリーダーはみな非情である』（ダイヤモンド社）などがある。

経営共創基盤（けいえいきょうそうきばん）
Industrial Growth Platform, Inc.（IGPI）
2007年創立。企業経営者、経営コンサルタント、財務プロフェッショナル、会計士、税理士、弁護士等100名の人材を有する。常駐協業型経営支援、事業・財務連動アドバイザリー、出資先の企業経営等、IGPIならではのプロフェッショナルサービスを通じて、企業価値・事業価値向上への道筋を顧客企業と共に創り出している。主な出資先・関連企業に、みちのりホールディングス、IGPI上海がある。

〈執筆者〉

村岡隆史（むらおか・たかし）
経営共創基盤（IGPI）取締役マネージングディレクター／パートナー。IGPI上海董事長
1965年生まれ。東京大学農学部卒業、UCLA経営学修士（MBA）。三和銀行にてプロジェクトファイナンス業務、M&A業務に従事。モルガン・スタンレー証券で投資銀行業務に従事した後、産業再生機構に参画。三井鉱山、ミサワホーム等の案件を統括。金融庁専門調査官等を経てIGPIを設立。主に、中国・アジア諸国でのM&Aや成長戦略立案プロジェクトに携わっている。

塩野　誠（しおの・まこと）
経営共創基盤（IGPI）マネージングディレクター／パートナー
1975年生まれ。慶應義塾大学法学部卒業、ワシントン大学ロースクール法学修士。シティバンク銀行、ゴールドマンサックス証券、インターネット関連会社起業、ベイン&カンパニー、ライブドア（ライブドア証券取締役副社長兼投資銀行本部長）を経て、IGPIでは海外事業開発、企業危機管理等のコンサルティング、M&Aアドバイザリーに従事。著書に『プロ脳のつくり方』（ダイヤモンド社）、『リアルスタートアップ』（集英社）がある。

PHP
Business Shinsho

PHPビジネス新書 253

IGPI流
セルフマネジメントのリアル・ノウハウ

2013年1月7日 第1版第1刷発行

著　者　冨山和彦
　　　　経営共創基盤
発行者　小林成彦
発行所　株式会社PHP研究所
東京本部 〒102-8331 東京都千代田区一番町21
新書出版部 ☎03-3239-6298(編集)
普及一部 ☎03-3239-6233(販売)
京都本部 〒601-8411 京都市南区西九条北ノ内町11
PHP INTERFACE http://www.php.co.jp/
装　幀　齋藤稔
制作協力・組版　有限会社メディアネット
印刷所　共同印刷株式会社
製本所　東京美術紙工協業組合

ISBN978-4-569-80910-6

「ＰＨＰビジネス新書」発刊にあたって

わからないことがあったら「インターネット」で何でも一発で調べられる時代。本という形でビジネスの知識を提供することに何の意味があるのか……その一つの答えとして「**血の通った実務書**」というコンセプトを提案させていただくのが本シリーズです。

経営知識やスキルといった、誰が語っても同じに思えるものでも、ビジネス界の第一線で活躍する人の語る言葉には、独特の迫力があります。そんな、「**現場を知る人が本音で語る**」知識を、ビジネスのあらゆる分野においてご提供していきたいと思っております。

本シリーズのシンボルマークは、理屈よりも実用性を重んじた古代ローマ人のイメージです。彼らが残した知識のように、本書の内容が永きにわたって皆様のビジネスのお役に立ち続けることを願っております。

二〇〇六年四月

ＰＨＰ研究所